Glücklich mit mir selbst

RUEDIGER DAHLKE

Glücklich mit mir selbst

Alleinsein als Quelle von innerer Kraft und Kreativität

Das vorliegende Buch ist sorgfältig erarbeitet worden. Dennoch erfolgen alle Angaben ohne Gewähr. Weder Autor noch Verlag können für eventuelle Nachteile oder Schäden, die aus den im Buch gemachten praktischen Hinweisen resultieren, eine Haftung übernehmen.

Inhalt

Wie und warum dieses Buch entstand 8

ERSTER TEIL

Glücklich mit mir selbst – was heißt das? 13

Paare und Solisten – in Glück und Unglück 14 ✿ Die Spielregeln des Lebens 17 ✿ Allein-Sein ist nicht Einsamkeit 20 ✿ Das kleine und das große Glück 26 ✿ Wie wir sprechen, so denken wir auch 29 ✿ Alles Wesentliche beginnt bei uns selbst – auch die Liebe 32 ✿ Partnerschaft mit dem Selbst 35 ✿ »Die Braut, die sich nicht traut« 39 ✿ Unsere inneren Schätze heben 45 ✿ Narzissmus – eine moderne Pandemie? 49 ✿ Von der Einsamkeits-Forschung zur Einsamkeits-Therapie: Was uns die Wissenschaft zu sagen hat 51 • Niemand ist schuld, wir alle sind verantwortlich 56 • Jedem Anfang wohnt ein Zauber inne – und danach? 60 • Ritual statt Routine 64 • Die innere und die äußere Reise 70 • Unsere Lebensreise ist eine innere Reise 84

ZWEITER TEIL

Partnerschaft und bewusstes Allein-Sein – zwei Wege, ein Ziel 87

Die Liebe kennt vielerlei Art 88 • Wertschätzung und Anerkennung 91 • Selbstständigkeit und Selbstbestimmung 93 • Trennung als Chance 95 • Wer sich Freiheit nimmt, bekommt Verantwortung 100 • Kunst und Elend des Kompromisses 105 • Arm an Zeit zum Leben? 115 • Den inneren Kompass finden 125 • Ein Wort zu Stress und Entspannung 135 • Wegleitung zum Tanz mit dem Leben 141

DRITTER TEIL

Geh deinem Glück entgegen – jeden Tag 153

Beginne jetzt! 154 • Ordnung ins eigene Leben bringen 157 • Das Körperhaus 159 • Das Wohnhaus 162 • Von den Kindern lernen 165 ❀ Mut zum Lebensplan 167 ❀ Schenken ist exponentielle Glücksvermehrung 173 ❀ Ganz bei dir selbst 178 ❀ Meditation: Der Weg ist das Ziel 182 ❀ Kreative Auswege aus der Einsamkeits-Falle 190 ❀ Schlusswort 200

Anhang 202

Personen- und Sachregister 202
Vita Ruediger Dahlke 204
Veröffentlichungen des Autors 205
Dank 207

Wie und warum dieses Buch entstand

Ich lebe mein Leben basierend auf zwei Prinzipien.
Eins – ich lebe, als ob heute mein letzter Tag auf Erden wäre.
Zwei – ich lebe heute, als ob ich für immer leben würde.
OSHO

Zuallererst möchte ich klarstellen, die meiste Zeit meines Lebens in Partnerschaft gelebt zu haben, mit allen Höhe- und auch einigen Tiefpunkten. Begonnen hatte ich mein Partnerschaftsleben als Hippie. In der 68er-Zeit mit ihren Kommunen und Wohngemeinschaften sollten Partnerschaften dem Anspruch nach »offen« sein, was nicht ausschloss, dass man auch dauerhaftere Verbindungen einging. Letztlich stellte ich in diesem Umfeld aber immer wieder fest, dass die hohen Ansprüche in puncto Freiheit und Verzicht auf Besitzansprüche letztlich doch uneingelöst blieben und zur Verdrängung ebendieser Besitzansprüche und zu Ausbrüchen verdruckster Eifersucht führten.

Im Ashram von Bhagwan/Osho in Poona, heute Pune, wo der Anspruch freier Sexualität galt, erlebte ich, wie sich ein Swami, ein männlicher Ashrambewohner, herzzerreißend beschwerte, weil sich die über alles geliebte Partnerin von ihm abgewandt hatte, und er zum Schluss mehr stammelte als sprach: »It didn't work.« Bhagwans ernüchternde Antwort: »It's not supposed to work.« Aber wenn es nicht funktionieren sollte – was sollte es dann?

Während meiner nunmehr 70 Lebensjahre habe ich mehrere wundervolle Partnerinnen gehabt und geliebt – und viel von ihnen lernen dürfen. Obwohl ich unter zwei Scheidungen meiner Mutter mitgelitten und mir fest vorgenommen hatte, niemals zu heiraten, brauchte ich offenbar doch auch selbst zwei Ehen, um das Thema Partnerschaft zu bearbeiten. Die erste war eine Liebesheirat, hielt 25 überwiegend wunderschöne und durchweg lehrreiche Jahre, schenkte uns Naomi, unsere Tochter, und ging mit einer liebevollen Fünf-Minuten-Scheidung in eine Freundschaft fürs Leben über. Wir können somit friedlicher als vorher miteinander Eltern für unsere Tochter sein und auch noch besser zusammenarbeiten.

Dafür zeigte mir, dem Autor des *Schattenprinzips*, die zweite Ehe und Scheidung ebendieses.

Und die zweite Frau meines Lebens? Sie hatte mich verlassen, kurz bevor ich dieses Buch begann. Dass ich es mir vornahm zu schreiben, und zu diesem Thema, begriff ich auch als Einladung an mich selbst, mich meiner Einsamkeit bewusst zu stellen.

Natürlich dachte ich dauernd an die Beziehung und litt schwer an ihrem Verlust. Da meine Gefühls- und Gedankensphäre davon total eingenommen war, stürzte ich mich in die Arbeit. Und staunte von Tag zu Tag mehr, wie leicht und flüssig sie mir von der Hand ging und wie viel ich schaffte. Ich fand sogar noch Zeit für Tai Chi, Meditations- und Körperübungen. Dabei aber war unübersehbar:

Es fiel mir deutlich schwerer, die Gedanken nicht abschweifen zu lassen, im Unterschied zur Arbeit, die sich bei mir mehr und mehr zur Schreib-Meditation entwickelt hat. Über Einsamkeit zu schreiben, das konnte jetzt unmöglich nur Ablenkung sein. Auf mich allein gestellt, zurückgezogen von allen und allem, verbanden sich für mich äußere und innere Arbeit. Wie von Zauberhand erschuf ich – nein: erschuf sich wie von selbst etwas sehr Besonderes und Wertvolles für mich. Ganz nebenbei und ausnahmsweise ohne lange Diskussionen mit einem Verleger wurde sogar der passende Buchtitel dafür gefunden.

Ich muss hier noch etwas erwähnen, und ich weiß, dass ich das oft tue, aber ich werde nicht müde, es zu tun – eben weil es so eminent wichtig ist. Es betrifft das Essen.

Hinzu kam nämlich, dass ich meine Ernährung sofort minimiert hatte und ganz automatisch auf Früchte und einiges Gemüse, also Rohkost, umstellte. Obendrein war Lockdown! So fielen auch Ablenkungen wie Aus- und Essengehen aus. Schon nach wenigen Tagen merkte ich, wie wohl mir das tat. Dabei genieße ich schon seit über 40 Jahren *Kurzzeitfasten* und esse sowieso höchstens zwei(erlei) Ma(h)l am Tag.

Aber es zeigten sich auch die Schattenseiten. Ich musste mich geradezu zwingen, nicht gleich alles schon während der Vorbereitungsphase im Stehen zu verspeisen. Das »Zeitsparen«, obwohl im Hinblick auf die Arbeit als positiv empfunden, ging rascher und ungezügelter weiter, als mir lieb war. Gemeinsame Essensrituale fehlten mir sehr. Andererseits ist Rohkost auf Frucht- und Gemüsebasis nicht nur unkomplizierter, sondern auch deutlich bekömmlicher, so dass ich besser schlafe und am nächsten Morgen ausgeruhter und noch fitter bin.

So hatte ich, schneller als erwartet, bereits ein dreifaches Teilergebnis erzielt, um mit meiner Situation klarzukommen: eine sinnvolle, erfüllende Arbeit, auch noch mit hoher Produktivität, und eine verbesserte Ernährung. Alles wichtige Themen, die aus gutem Grund in diesem Buch auch wiederkehren werden. Der immer noch empfundene Entzugs- und Sehnsuchtsschmerz verschob sich nun weitgehend auf die Einschlafphase, die aber – frei von partnerschaftlichen Spielen – allmählich auch wieder kürzer wurde. Anfangs half ich nach, mittels vorheriger, intensiver körperlicher Anstrengungen: Ich übte mich sozusagen vorsätzlich müde, um besser einzuschlafen. Mal wieder etwas körperliche Betätigung tat mir aber auch außerordentlich gut.

Aus der Synergie von minimierter Rohkost, intensivem Üben, tieferem Schlaf und sinnhaltiger, erfüllender Arbeit ergab sich ein intensiver innerer Prozess. Er erlöste in mir, als typischem »Beziehungsmenschen«, eine lichtvolle Klarheit in einem Schattenbereich meiner selbst. Durch bewusstes Allein-Sein waren Kraft und Kreativität zurückgekehrt. Und dass, während ich schrieb, auch meine verloren geglaubte Partnerin ganz allmählich wieder zurückkehrte, gehört zum Geheimnisvollsten, was ich dabei erleben durfte.

ERSTER TEIL

Glücklich mit mir selbst – was heißt das?

Paare und Solisten – in Glück und Unglück

Es gibt keinen Weg zum Glück.
Glücklich-Sein ist der Weg.
BUDDHA

Als Arzt und Berater frage ich mich seit 40 Jahren: Warum wollen so viele Menschen, die in Partnerschaften leben, im Grunde nichts lieber als hinaus, zurück in die »Freiheit«? Und warum sind so viele, die allein leben, oft einsam und sehnen sich nach nichts stärker als nach glücklicher Partnerschaft? Da muss es zwischen den Extremen doch eine Zwischenzone geben, in der Paare und Solisten gleichermaßen glücklich sein und ihr Leben genießen können.

Allerdings hatte ich auch eine sehr spezielle Einweisung in Sachen Paar- und Ehe-Therapie. In der Psychiatrie für eine geschlossene Männerstation angemeldet, um so richtig die Härtefälle des Fachs zu erleben, landete ich einmal pro Woche in der Eheberatung. Ich gestattete mir den Hinweis, keinerlei diesbezügliche Ausbildung im Studium genossen zu haben und selbst unverheiratet zu sein. Dies aus für mich gutem Grund, nämlich wegen zwei gescheiterter Ehen meiner Mutter. Es half nichts. Vielmehr stellte die rein auf

Pharmakologie ausgerichtete Klinik einen nicht gerade sehr angesehenen älteren Psychiater und Psychoanalytiker extra für meine Einführung in die Ehe-Beratung ab. Eine für mich unvergessliche Erfahrung ...

Der ältere Kollege erklärte ungerührt: Alles halb so schlimm, es kämen praktischerweise nur Frauen. Die würden sich sowieso immer nur darüber beschweren, dass ihre Männer nicht mehr so funktionierten wie zu Beginn der Ehe. Sie kümmerten sich nicht mehr, weder brächten sie noch Blumen mit noch Pralinen, geschweige denn Schmuck. Und sonst ... ja, da seien sie schon gar nicht mehr zu gebrauchen. Ich hätte also nur dafür zu sorgen, dass die Männer wieder zum Anfangsprogramm zurückkehrten. Fertig, aus. Lektion erteilt.

Verblüfft fragte ich, wie ich das bewerkstelligen sollte, wo doch angeblich gar keine Männer in die Sprechstunde kämen. Ganz einfach, meinte der erfahrene Kollege: Rate den Frauen, sich all das selbst zu besorgen, wofür früher die Männer sorgten. Also sich selbst Blumen zu bestellen – am einfachsten vom Lieferservice. Fragte der Mann dann nach, wo der Rosenstrauß her sei, könnte sie ja auch ganz ehrlich sagen, sie wüsste es selbst nicht – schließlich sagt Fleurop nicht, wer sie dort besorgt. Manche Männer würden dann umgehend wieder dazu zurückkehren, selbst Blumen mitzubringen, größere Sträuße sogar, um den geheimen Verehrer auszustechen. Ja, und wenn das nichts brächte, dann könnten ja noch Dessous herumliegen, und jeder Ehemann werde den diskreten Hinweis verstehen, dass diese sonst ja auch ihm unbekannt bleibendem Einsatz zugeführt werden könnten.

Das sollte nicht etwa ein schlechter Witz sein! Protest nützte nichts, er bestand mit der ganzen Autorität eines universitären Lehrkörpers auf Umsetzung der Lektion. Verblüffung! Es funktionierte tatsächlich. So wurde ich im Schnellverfahren zwar kein guter, aber ein »erfolgreicher« Eheberater, zumal der ältere Kollege noch weitere Tricks aus seinem unerschöpflichen Praxis-Repertoire preisgab. Die Krönung aber war die Theorie dazu, die er in einem einzigen Satz zusammenfasste: »Männer sind so leicht zu dressieren, nur bei Frauen ist es noch leichter.«

Das konnte nun wirklich nicht alles sein. Es war aber alles, was die Psychiatrie, wie ich sie damals kennenlernte, dazu hergab.

Das ist nun vierzig Jahre her. Auch die Psychiatrie ist heute eine andere, und zur Eheberatung gehen heutige Menschen zum Psychotherapeuten. Die grundsätzliche und schwerwiegende Frage aber bleibt: Warum zerbrechen so viele Beziehungen? Und warum scheint es immer schneller zu gehen? Festzustellen ist in der Beratungspraxis heute aber auch: Längst nicht alle aus Partnerschaften gefallene oder ausgestiegene PatientInnen fühlten sich verlassen, einsam und beladen.

Die Spielregeln des Lebens

Wenn auf Erden die Liebe herrschte,
wären alle Gesetze zu entbehren.

ARISTOTELES

Die Spielregeln des Lebens ergeben sich für mich aus drei *Schicksals-gesetzen* und zwölf *Lebensprinzipien*. Beginnen wir mit den Schick-salsgesetzen.

Partnerschaft beginnt heute in der Regel mit beglückender Verliebt-heit, einer Phase der Exaltiertheit, gemäß dem berühmten Satz Her-mann Hesses: »Und jedem Anfang wohnt ein Zauber inne.« Das entspricht dem drittwichtigsten der Schicksalsgesetze, welches be-sagt, schon im Anfang liege alles, so wie im Samen der Baum.

Früher nahmen auch noch in unserer eigenen Kultur die Eltern auf Eheschließungen großen Einfluss. So nach dem Motto: Wir ha-ben ein Baugeschäft und die haben ein Baugeschäft, also baut etwas Schönes miteinander (auf). Damit folgten alle dem zweitwichtigs-ten der Schicksalsgesetze, dem der Resonanz. Im Anfang der Ver-bindung lag da meist kein übermäßiges Glück, dafür erwies sich das langfristige Konzept als Bürge für Haltbarkeit und Dauer und zu-meist auch ein nicht so herbes Ende. Im Idealfall ist die heute so hoch geschätzte Resonanz-Phase eine wundervolle Zeit, die beide genießen, wenn sie dieselben Gedanken denken, dasselbe Essen mögen und sich am Selben und aneinander freuen. Im Stehen stoßen sie an, ohne anstößig zu sein, im Sitzen genießen sie das gemeinsame Mahl, bei dem sie sich schon nacheinander verzehren, was sie in der Horizontale dann vollenden oder auch nicht. Sobald diese Phase vorbei ist, etwa weil er gleich und sie gar nicht *kommt* oder sich eine anstrengende horizontale Bastelei ergibt, geben insbesondere die Jungen heute oft gleich wieder auf.

Wo die Resonanz sich aber wundervoll fügt, sie miteinander schwingen und entschweben in gemeinsame Glücks- und sogar orgiastische Einheitsgefühle, liegt eine genussreiche, aber begrenzte Zeit vor ihnen. Nicht wenige deuten sie als *höchste* Zeit zur *Hoch*Zeit und *trauen* sich vor den *Trau*altar. Das aber ist eine Rechnung, die sie ohne das erste Schicksalsgesetz gemacht haben.

Dieses erste und wichtigste Gesetz, das der Polarität, entfaltet seine Wirksamkeit, sobald der Hormonrausch der Resonanz-Phase vorüber ist und der Alltag mit seiner Routine einkehrt. Dann erleben die beiden, wie sie sich gegenseitig ihre jeweiligen Schatten(seiten) zu spiegeln beginnen. Die allermeisten stürzen jetzt in die Konflikte der Schattenprojektion ab. Was mit himmlischen Orgasmen und/oder mit Anrufung himmlischer Kräfte Himmel-hoch-jauchzend vor dem Trau-Altar begann, endet häufig – in unseren Großstädten schon zu 80 Prozent – zu Tode betrübt vor dem Scheidungsrichter. Anschließend sind beide allein, oder einer ist es, ganz selten aber keiner, weil beide schon heimlich oder offen für Ersatz (vor-)gesorgt haben. Nun zu den Solisten des Lebens.

Das neudeutsche »Single« gehört inzwischen zum selbstverständlichen Sprachgebrauch, der herkömmliche Begriff »alleinstehend« dagegen nur noch ins Personenstandsregister. Gut so. Ihm haftet seit je etwas Defizitäres an. »Allein stehen« zu können ist dabei doch alles andere als ein Defizit, und das ist nicht nur zeitgemäß, sondern auch wesenhaft so. Solisten in der Kunst des Lebens genießen in Bezug auf alle drei Schicksalsgesetze sogar einige Startvorteile auf dem Weg zu nachhaltigem Glück.

> Allererst so in Bezug auf das Gesetz der Polarität. Sie müssen davon ausgehen, dass auftretende Probleme ausschließlich mit ihnen selbst zu tun haben, denn da ist schlicht kein Partner, auf den sie projizieren könnten: Sie sind sich selbst und nur sich selbst immer und ausnahmslos verantwortlich. Es wird davon zu reden sein, welche Herausforderungen das mit sich bringt.

> Auch beim Resonanz- oder Spiegelgesetz sind sie – rein prinzipiell gedacht – im Vorteil. Sie können sicher sein, dass ihre Schwachstellen nicht vom Partner ausgeglichen werden. Wer niemanden hat, der seine Schwächen kompensiert, muss sie allerdings auch selbst sehen können und allein bearbeiten, um sich in puncto Lebensqualität letztlich nichts vorzumachen.

> Das Gesetz des Anfangs offeriert in unserer entwickelten, offenen Gesellschaft, die sich – bis zum Corona-Koma – die Freiheit des Individuums auf die Fahnen geschrieben hatte, für fast jede Art von Alleingang nachgerade verführerische Möglichkeiten. Ob als Chance oder Falle, hängt davon ab, welche inneren und äußeren Voraussetzungen der einzelne Mensch mitbringt und welche Vorstellungen von seinem Glück er sich gönnt.

Allein-Sein ist nicht Einsamkeit

Einsamkeit ist das Vermissen des Anderen.
Allein-Sein ist das Finden von sich selbst.
OSHO

Fragst du vielleicht: »Glücklich mit mir selbst, nur ganz für mich allein – ist das nicht egoistisch?« Oder, anders herum: »So ganz für mich allein – bin ich dann nicht schrecklich einsam?«

Einsamkeit ist ein Gefühl von Mangel, das mit Leid verbunden ist. Wer sich einsam fühlt, dem fehlt etwas. Schon diese Feststellung rückt Einsamkeit in die Nähe von Krankheit. Ist doch »Was fehlt ihnen?« die klassische Eröffnungsfrage der Ärzte. Wenn ich einsam bin, fühle ich mich ganz auf mich allein zurückgeworfen. Das Gefühl der Überforderung begleitet mich sogar unausgesprochen, es steht im Raum wie der sprichwörtliche Elefant.

Einsamkeit ist kränkend und kann auch körperlich krank machen, zumal wenn sie mit Gefühlen des Ausgeliefertseins einhergeht und wie ein Gespenst im kleinsten Zeitraum lauert, der ohne Ablenkung ist. Umfragen haben ergeben, dass die Hälfte der Deutschen Angst davor hat, im Alter zu vereinsamen. Vor allem Frauen, und sie haben guten Grund dafür, bleiben sie doch weit häufiger allein übrig, quasi als gesellschaftlicher Restposten. Angst aber kann erst recht erkranken lassen, wie auch die Kollateralschäden der Angstverbreitung in Zeiten der Pandemie gezeigt haben. Hinter der Angst vor Einsamkeit steckt auch häufig die vor Ablehnung. Je mehr man sich abgelehnt fühlt, umso williger lehnt man sich auch selbst ab: ein Teufelskreis, der wiederum die Abhängigkeit von Lob und Anerkennung fördert. Selbstliebe und Selbstachtung, dann bereits geschwächt, bleiben schließlich ganz auf der Strecke. All das zeigt: Einsamkeit ist nicht etwa ein isoliertes Gefühl, sondern steht im Zusammenhang mit Angst, enttäuschten Hoffnungen und unerfüllter Sehnsucht.

Es ist durchaus gerechtfertigt, chronifizierte Einsamkeit als Krankheitsbild zu sehen, das falsche Vorstellungen von der Realität hervorruft. Die Einsamkeit nimmt dann gleichsam die Rolle einer ständigen Lebensbegleiterin an. Der Ausstieg ist infolgedessen schwieriger als aus einem akuten Geschehen, aber sehr wohl möglich, wie sich zeigen wird.

Allein-Sein will dagegen schon vom Wort her etwas ganz anderes sagen, nämlich Alles-in-einem zu sein. So verstanden, ist Allein-Sein ein existenzieller Zustand, das heißt natürlich gegeben und nicht künstlich hervorgebracht. Allein-Sein ist seinem innersten Wesen nach ein Glückszustand, ist deutlichst gefühlte Gewissheit meiner Allverbundenheit. Allein-Sein in diesem Sinne kann es, mit Krishnamurti gesprochen, »erst geben, wenn die Einsamkeit aufgehört hat«. Ein einziger, bewusst gewählter Moment kann reichen, um wieder zu sich zu kommen, seine Gedanken zu ordnen und sich zu sammeln, Abstand von einer problematischen Situation zu gewinnen. Um das eigene Leben zum Besseren zu wenden, geht es darum, sich Qualitätszeit zu nehmen für absichtsvolles Innehalten, um den inneren Halt wiederzufinden.

Warum verursacht Einsamkeit Angst? Weil sie aus dem Schmerz darüber erwächst, sich niemandem wirklich nahe zu fühlen, mit niemandem verbunden zu sein und gegenseitig Erfahrungen teilen zu können. Es gehört zu den typischen Begleiterscheinungen der heutigen Zeit, dass Einsamkeitsgefühle vermehrt auch in Beziehungen auftreten. Nicht immer liegt das am Partner. Die Seele kann sich auch einsam und vernachlässigt fühlen, weil wir nicht auf dem Weg zu ihr sind.

Wenn so viele Menschen Angst vor Vereinsamung haben, dann liegt ein tieferer Grund dafür wohl in der gefürchteten »inneren Leere«, die fühlbar wird, wenn wir keine Befriedigung erfahren, weil uns Ansprache und Zuspruch fehlen, oder einfach schon deshalb, weil wir aus der Gewohnheit fallen. Jedoch besitzt die »Leere« als innerliche Erfahrung auch eine erlöste Form. Ja, sie ist dann sogar das eigentliche Ziel des spirituellen Weges.

Als alles entscheidenden Unterschied zwischen Einsamkeit und Allein-Sein erkennen wir also: Es kommt darauf an, mit welcher Einstellung wir unsere Situation sehen und vor allem fühlen. Er fühlt sich schlecht, weil niemand für ihn da ist. Sie fühlt sich gut, im Idealfall glücklich schon allein mit sich selbst.

 Mit einem Wort: Einsamkeit ist ein negatives Gefühl, geformt durch ein negatives Bewusstsein. Bewusstes Allein-Sein dagegen bewirkt, dank einer willentlichen Geisteshaltung, ein positives Gefühl.

Einfach nur allein zu sein ist lediglich ein objektiv-neutraler Tatbestand. In welche Richtung das Pendel im Seelenraum ausschlägt, hängt von uns selbst ab.

Der Einsame sucht in einem fort nach dem anderen. Ihm fehlt etwas Entscheidendes. Statt bei sich selbst, ist er gedanklich stets beim anderen und ohne ihn unglücklich. Er ist im Wortsinn *außer sich* und sucht seine Erfüllung außerhalb von sich. Der andere soll ihm das Glück bringen!

»Alleinstehende« mitleidsvoll über die Schulter anzuschauen ist somit absolut fehl am Platz. Ja, sie stehen allein. Na und? Das heißt doch zunächst nur, dass sie für sich selbst allein einstehen müssen. Ist ein solcher Mensch dann nicht vielleicht sogar glücklicher, als wenn er sich bindet und sein eigenes Glück von einem anderen Menschen abhängig macht?

Warum wird Singles immer noch bereitwilligst unterstellt, sie müssten sich einsam fühlen? Frei nach dem Motto: »So ganz allein, das ist doch bemitleidenswert. Da muss man auf Dauer doch schrullig werden!« Dahinter steht ein Missverständnis, das tief in die unbewussten, kollektiven Glaubensstrukturen der modernen Massengesellschaft blicken lässt.

Wir sind so rasch so viele auf Mutter Erde geworden, dass wir schlicht und ergreifend nur noch selten allein sein können. Und wenn, dann sind wir noch seltener *wirklich* allein. Die *virtuelle* Gegenwart anderer Menschen hielt nicht erst seit gestern Einzug in unser ureigenes Rückzugsgebiet. Es begann vor gut einhundert Jahren mit wenigen Stunden Radio am Tag, setzte sich fort mit Fernsehen rund um die Uhr und ist mit dem Internet in die letzten

Nischen des Privaten vorgedrungen. Wie *selfish* sind eigentlich all die *Selfies*? Das nicht mehr wirklich erlebte Leben wird als Ersatzhandlung ins Smartphone gebannt.

So schön der Gedanke des Teilens auch ist, es bleibt doch die Frage: Ist das reine Erleben als solches denn sonst gar nichts mehr wert? Bist *selbst du* nur noch wert, was du teilst, wo du bist, wie du bist, mit wem du bist, wofür du bist? Wen interessiert das eigentlich *wirklich*? Wer interessiert sich noch für sich selbst? Ist nicht das Wichtigste individuell (das heißt wörtlich: un-teilbar)?

Der Flug einer Möwe über der Brandung, ein wogendes Getreidefeld im Wind, ein Sonnenaufgang am Berg, ihr Untergang im Meer: Sie stehen doch so unmittelbar und überzeugend für sich selbst, dass sie nicht immer auch geteilt und kommentiert werden müssten. Sind sie nicht immer noch am intensivsten zu erleben und zu genießen, wenn wir dabei selbst ungeteilt und ganz bei uns sein dürfen?

Dass dies nicht mehr erstrebenswert oder sogar unmöglich sei, ist ein epochal zu nennendes Missverständnis. Der ohnehin schon rasant fortschreitende Verlust der Fähigkeit, sich allein wohl, sicher und glücklich zu fühlen, wird dadurch noch weiter beschleunigt.

Natürlich sind wir alle verschieden, die einen mehr von Emotionen, andere mehr von Gefühlen eingenommen. Denn auch Emotion und Gefühl sind nicht ein und dasselbe. »Emotion« kommt vom Lateinischen ex = aus und motio = Bewegung und bezeichnet somit ganz wörtlich eine Bewegung, die nach außen gerichtet ist, die hinauswill und -muss. Zu fühlen heißt, direkt wahrzunehmen, was in uns geschieht – nicht mehr und nicht weniger. Es will von sich aus gar nicht vermittelt, also geteilt werden. Begeisterung möchtest du vielleicht hinausschreien, deine Mutterliebe braucht das nicht. Die natürlich gegebenen Unterschiede unter uns Menschen erklären aber nicht, warum immer mehr Menschen sich einer künstlichen, Total-Sozialisierung ihrer höchst persönlichen Erlebniswelt unterwerfen. Nun spricht uns schon nicht mehr nur die Stimme aus dem GPS an – oder die des Autos selbst, das eine Inspektion wünscht –, sondern sogar auch aus Haushaltsgeräten. Um heute mit sich selbst allein zuhause zu sein, würde selbst ein Stromausfall nicht ausreichen. Das heißt, mit und für uns selbst allein existieren wir – ohne bewusste Absicht und nachhaltiges Bemühen – schon gar nicht mehr. Die »Schöne Neue Welt«, von Aldous Huxley bereits vor fast einhundert Jahre mit ironischer Hellsichtigkeit in ihren fatalen Auswirkungen beschrieben, ist dank der neuen Technologien bereits Realität!

All das ist längst bekannt. Was weniger auffällt, aber umso schwerer wiegt: Das allgemeine Verständnis von Allein-Sein hat sich grundlegend gewandelt. Es wurde und wird weiter ins Negative gezogen. Im Drang, alles »teilen« zu wollen, im Sinne von Vermittlung persönlicher Botschaften, spiegelt sich jedoch, kritisch betrachtet, eine bedenkliche Verarmung der persönlichen Erlebniswelt.

Für sich allein zu stehen und nicht im Mahlstrom des Mainstream mitzuschwimmen, ist heute allerdings schon verdächtig, zumal in Krisenzeiten. Das Überwachungsbedürfnis, bisher vor allem aus Diktaturen wie China und Russland bekannt, greift immer weiter um sich. Deshalb geht es in diesem Buch darum, den Wert bewussten Allein-Seins herauszustellen. Darum, die Chancen zu entdecken, die es uns bietet – und Wege aufzuzeigen, sie im Alltag zu nutzen.

Das kleine und das große Glück

Viele Menschen wissen, dass sie unglücklich sind.
Aber noch mehr Menschen wissen nicht,
dass sie glücklich sind.
ALBERT SCHWEITZER

Wir sind soziale Geschöpfe. Die Philosophen der griechischen Klassik erkannten den Menschen bereits als *zoon politicon*, als ein politisches Wesen. Wir verbinden uns von Natur aus mit anderen zu Gruppen und Gemeinschaften und möchten diese Zugehörigkeit auch spüren. Wahrscheinlich war es dieses positive Gruppengefühl, was uns, die Nachkommen des CroMagnon-Menschen, zum Erfolgsmodell der Evolution machte und uns erlaubte, die Neandertaler zu überflügeln. Der niederländische Historiker Rutger Bregman führt in seinem Buch »Im Grunde gut« starke Argumente ins Feld, um zu belegen, wie wir als voneinander lernende Gruppenwesen, die sich mit Freundlichkeit begegneten, die entscheidenden Vorteile in der Entwicklungsgeschichte errangen. Das ist zwar lange her, aber immer noch wirksam.

Gleichzeitig sind wir auch Geschöpfe, die das Allein-Sein zu unserer persönlichen Vollendung brauchen. Um uns zur wirklichen

Krone der Evolution zu entwickeln, ist jener Prozess notwendig, den C. G. Jung Individuation nannte. Individuation ist, wie schon das Wort ausdrückt, individuell und auf je eigene Art und Weise anzugehen. Befreite, Verwirklichte oder Erlöste sind diesen Weg auch im Wortsinn allein gegangen. Ashrams und Klöster überall auf der Welt stehen dafür. Auch der historische Gautama Buddha musste sich erst mit Entschlossenheit und Mut gegen die beharrenden Kräfte seitens seiner königlichen Familie behaupten, um sich zu lösen und seinen ureigenen Weg der Individuation zu finden.

Wir kommen aus der Gemeinschaft unserer eigenen Ursprungs- wie auch der gemeinsamen Menschen-Familie und sind beides: Gruppenwesen, aber auch Einzelkämpfer auf dem Weg der Selbstverwirklichung. Die Gemeinschaft lockt mit Gemütlichkeit und Wohlgefühl, die Individuation mit dem Heil. Ob wir auch allein glücklich sein können, hängt davon ab, was wir unter Glück verstehen. Die Mehrheit setzt Gemeinschaftsleben mit Glück gleich und findet es in der Regel im kleinen Glück des alltäglichen Wohlbefindens. Für den Weg zum großen Glück der endgültigen, umfassenden Befreiung brauchen wir aber auch zumindest Phasen des Allein-Seins.

Während die Welt schon längst auf dem Weg in die Ablenkungs-Falle war, sangen DichterInnen wie Rainer-Maria Rilke, Anaïs Nin und Ernest Hemingway noch das Hohelied des Allein-Seins. Und nicht nur sie. Santiago Ramon y Cajal, der Begründer der Neurowissenschaften, schwärmte: »Oh, beruhigendes Alleinsein, wie günstig bist du für das ursprüngliche Denken!« Sie alle wussten: Jeder kreative Schöpfungsakt braucht Zeit für sich allein. Phasen absichtlichen, bewussten Allein-Seins sind erforderlich, um kreatives Potential authentisch und mit Schaffensfreude auszuschöpfen. Nur wer ganz bei sich selbst ist, kann seine Mitte finden und ins Zwiegespräch mit seiner Seele eintreten. Um uns selbst nahezukommen, um uns wirklich kennenzulernen, brauchen wir Zeit für uns ganz allein. Ständige äußere Geschäftigkeit aber ist der Gegenpol zu Selbstfindung.

Es beginnt bei scheinbar banalen Dingen des Alltags, die aber überhaupt nicht banal sind. Geschäftsessen etwa lassen die Hauptsache zur Nebensache werden. Es geht dann eben nicht in erster Linie ums Essen, sondern ums Geschäft. Kein Wunder, dass sie auch noch zum Überessen verführen. Bewusstes Fasten dagegen bringt dich zu dir selbst tut dir gut. *Fasten* kann man auf vielen Ebenen und damit nicht nur der Falle der Ablenkung, sondern auch der Falle des Übermaßes entgehen. Reden ist Silber, Schweigen ist Gold, wie der Volksmund weiß. Nur wer schweigt, auch in Gedanken, vermag seine innere Stimme zu hören. Immer nur auf andere zu hören, auf sie wirken, Eindruck machen zu wollen bringt uns von uns selbst weg, vertreibt uns aus unserer Mitte. Auf die innere Stimme zu horchen, ihr gehorchen zu lernen bringt uns dem eigenen Selbst näher. Still-Sein, im Idealfall noch den inneren Dialog zum Schweigen zu bringen: Das ist es, was uns zu unserem Selbst führt. Solange wir uns ständig äußeren Reizen aussetzen, bleibt Selbstfindung bestenfalls ein schöner Traum.

Wie wir sprechen, so denken wir auch

Wenn die Menschen nur über das sprächen,
was sie begreifen,
dann würde es sehr still auf der Welt sein.

ALBERT EINSTEIN

Auch unter Menschen kann man einsam sein, zutiefst einsam sogar, und sich von Gott und der Welt verlassen fühlen. Wer sich niemandem zugehörig fühlt und glaubt, nicht dazuzugehören, dem nutzt die Gemeinschaft der Dazu-Gehörigen absolut nichts. Im Gegenteil. Wer anders als die anderen empfindet, fühlt sich isoliert. Und wer sich isoliert fühlt, leidet darunter. Damit ist eine innere Abwärtsspirale in Gang gesetzt, denn Einsamkeit wird ungern eingestanden. In einer Gesellschaft, die der Geselligkeit einen so hohen Stellenwert einräumt, ist Einsamkeit schambesetzt. Allein-Stehende werden immer sagen: »Ich lebe allein«, aber sicher niemals: »Ich lebe einsam.« Wer glaubt, das sei immer so gewesen, irrt gewaltig. Meister Eckhart oder Hildegard von Bingen hätten sich gewiss nichts daraus gemacht, so zu formulieren: »Ich habe bewusst die Einsamkeit gewählt.« Solange bewusst gewähltem Allein-Sein ein hoher, spirituell gesehen sogar der höchste Wert beigemessen wurde, schämte sich niemand dafür.

Vorurteilslos betrachtet, gab und gibt es auch keinen Grund dafür. Auch ein heutiger Kartäusermönch kann schon seit Jahr(zehnt)en in seiner Kartause mit sich völlig allein sein, ohne sich einsam fühlen zu müssen, denn ihm wird nicht eingeredet, Allein-Sein habe zwangsläufig negative Empfindungen und ein scheußliches Selbstbild zur Folge. Möglicherweise ist er dank seines Allein-Seins schon in den wundervollen Zustand des Alles-in-Einem-Seins eingetreten und geht, Gott in sich wissend, im Glücksgefühl der Allverbundenheit auf.

Es ist ein großer Kulturverlust, dass Allein-Sein heute generell als unerwünscht betrachtet wird. Ohne die Erwartung, mit fortschreitendem Lebensalter nicht mehr integriert, sondern ausgeschlossen zu sein, gefühlt »nicht mehr dazuzugehören«, wäre die Angst vor Einsamkeit im Alter sicher nicht so verbreitet. Offenbar liefert auch die sogenannte Seelsorge da weder befriedigende Antworten noch gangbare Auswege.

Der Ausdruck »mutterseelenallein« ist sehr aufschlussreich: Da fehlt offenbar die Mutter-Seele, und damit etwas ganz Tiefes und Wichtiges. Andererseits ist es gerade die Mutter-Seele, die spricht: »Ich würde so gern einmal für mich allein sein.« Das geht bei dem zunehmenden Stress allüberall immer mehr Menschen so. Wer also sagt, er habe Angst davor, allein zu sein, meint damit eigentlich Angst vor Einsamkeit. Und wer sich einsam fühlt und sagt: »Ich fühle mich allein«, meint: »Ich fühle mich einsam.« Einsamkeit ist eben ein Gefühl, Allein-Sein dagegen ein Zustand, der an sich nicht fühlbar ist, wohl aber sein Resultat: eben glücklich zu sein mit sich selbst.

Es gibt deshalb keinen Grund zu einem fröstelnden Gefühl, wenn in diesem Buch von der »Leere« als erlöstem Gegenpol von »innerer Leere« gesprochen wird. Vielleicht sollten wir uns auf der Reise in unsere Innenwelt daran gewöhnen, dass es dort nicht um »Etwas« und »Dieses« oder »Jenes« geht. Bewusstheit benötigt keinen Gegenstand, kein Gegenüber, denn Bewusstsein ist überall, wir sind uns dessen nur nicht bewusst.

Auch Einsamkeit und Allein-Sein sind Gegenpole. Erstere steht für Abhängigkeit und Mangel, Letzteres für innere Erfüllung. Bewusstes Allein-Sein zu erlernen ist das beste Mittel gegen Einsamkeit und sogar, wie wir sehen werden, eine Voraussetzung für gelingende Partnerschaft.

Alles Wesentliche beginnt
bei uns selbst – auch die Liebe

Als ich mich wirklich selbst zu lieben begann, habe ich mich von allem befreit, was nicht gesund für mich war, von Speisen, Menschen, Dingen, Situationen und von allem, das mich immer wieder hinunterzog, weg von mir selbst. Anfangs nannte ich das »gesunden Egoismus«, aber heute weiß ich, das ist »Selbstliebe«.
CHARLIE CHAPLIN

In aller Regel begannen wir unser Leben allein im Mutterleib, hatten die meisten doch keinen Zwilling zur Seite. Von allen Seiten von unserer Mutter umgeben und in ihr geborgen, mussten wir dann allein den Kopfsprung ins Leben wagen, und das gilt selbst für Zwillinge. Auch am Ende des Lebens sind wir letztendlich allein, wenn uns Gevatter Tod abholt. Und zwischen unserem ersten Atemzug nach der Geburt und dem letzten vor dem Tod liegen eine Menge Situationen, wo wir ganz allein und nur auf uns selbst gestellt sind. Die Frage ist, ob und wie wir uns dem stellen.

Bei entscheidenden Momenten wie etwa Lebensübergängen sind wir letztlich und wesentlich ebenfalls allein. Die Peergroup mag Pubertierende hilfreich unterstützen, aber am Ende ist Erwachsen-Werden ein nur allein zu schaffender Schritt. Das gilt ebenso für die Um- und Einkehr in der Lebensmitte und die Akzeptanz des *Geschenks des Alter(n)s.*

Alles Wesentliche beginnt immer also bei uns selbst. »Nur du allein kannst es schaffen. Aber du kannst es nicht allein schaffen«, lehrte mich der große Nervenarzt Walther Lechler. Ein Kernsatz, der sich aus seiner Arbeit mit Suchtpatienten ergab. Und so wahr – auch für viele Situationen darüber hinaus! Wenn ein Süchtiger nicht von sich aus will, führt kein Weg aus der Sucht. Auch die beste Ärztin kann keinen Patienten zu seinem Gesundheits-Glück zwingen. Gern variiere ich den zweiten Satz inzwischen in: »Aber du *musst* es nicht allein schaffen.« Denn häufig ist Hilfe da und wäre nur anzunehmen. Das ist es, was Walther Lechler wohl auch meinte: Süchtige – aber nicht nur sie, sondern viele Menschen im Zustand akuter Bedürftigkeit – brauchen eine Gruppe, die sie stützt und, wo notwendig, immer wieder auffängt. Aber ich habe sogar auch Süchtige kennenlernen dürfen, die es ganz allein schafften, sich aus der Abhängigkeit – selbst von Heroin – zu befreien. Noch nie aber erlebte ich, wie ein Partner oder eine Gruppe jemanden aus einer Sucht befreite, der nicht selbst dazu entschlossen und bereit war. Bei Co-Abhängigen hat das manchmal den Anschein, aber in Wirklichkeit geht es nie ohne eigenen Impuls der Betroffenen.

Letztlich verweist auch der erste der Metasätze des Christentums auf uns selbst – und ohne des Egoismus verdächtig zu sein: »Liebe deinen Nächsten wie dich selbst.« Das ist eine direkte Aufforderung zur Selbst- oder Eigenliebe! Mehr als mich selbst kann ich sowieso niemanden lieben. Wer so tut, als ob er andere mehr liebe als sich selbst, ist nicht noch besser, sondern hat ein Problem mit Selbst-Akzeptanz und Selbstliebe und/oder ein naives anthropomorphes Gottesbild, wie Religionswissenschaftler es nennen, wenn man sich

Gott nach seinem eigenen (Ideal-)Bilde vorstellt. Wenn – wie Christus sagt – das Himmelreich Gottes in uns liegt, können wir auch Gott nicht mehr als uns selbst lieben. Hier wird deutlich, wie wichtig es ist, zwischen Ego und Selbst zu unterscheiden.

Aber so wie mich selbst könnte ich im Ideal- oder besten Fall auch andere lieben. Das ist das höchste der Gefühle, das Bestmögliche, was ich meinen Nächsten bieten kann. Mehr geht nicht, wie zwei Jahrtausende christlichen Bemühens, da noch eins draufzusetzen, dramatisch belegen. Die Verfolgung Andersgläubiger, die zeitweise brutale Mission, die Mordorgien der Inquisition und der Missbrauch von Kindern und Jugendlichen bis in unsere Zeit erfolgten garantiert durch Menschen, die sich selbst nicht liebten und oft genug vorgaben, Gott mehr zu lieben als sich selbst. Aber in Wirklichkeit wurden sie nur zu Verbrechern oder gar Mördern in Gottes Namen.

Wenn ich mich selbst nicht liebe, klappt es mit den anderen garantiert nicht. Wer sich selbst liebt, kann auch andere lieben und für sie da sein, aber natürlich auch gut mit sich allein und für sich allein da sein.

Partnerschaft mit dem Selbst

Höre auf, Gott zu suchen; suche den, der sucht.
RUMI

Der Schlüsselsatz lautet schlicht und ergreifend: Glücklich mit mir selbst zu sein ist die Grundlage meines gesamten Glücks. Aber damit nicht genug: Nur wenn ich mit mir selbst glücklich bin, kann ich es *auch mit anderen* sein. Und es geht noch weiter: Nur wenn ich mit mir selbst glücklich bin, kann ich *auch andere glücklich machen*.

All das zusammen zu verwirklichen wäre natürlich der Idealfall. Stellen wir uns eine(n) erleuchtete(n) Meister(in) vor. Sie oder er wird ihrem Gegenüber immer einen glasklaren Spiegel bieten, anstatt in die Projektionsfalle zu tappen. Wer Vollkommen- oder Allverbundenheit (er-)lebt, wird *alles in einem*, nämlich in sich selbst, finden. Vollständig Verwirklichte können immer allein sein und werden doch stets auch mit allen und allem verbunden bleiben.

Als gewöhnliche Menschen, aber mit dem Ziel der Verwirklichung, sehen wir uns mit einer grundsätzlichen Gabelung des spirituellen Weges konfrontiert und müssen wählen: Offen steht uns zum einen der Weg der Haus-Mutter oder des Haus-Vaters, wie man in Indien – immer noch ganz unbefangen – den Pfad nennt, der über Partnerschaft und Familie führt. Zum anderen der Entwicklungsweg der Eremitage, des freiwilligen Allein-Seins auf der Suche nach Gott beziehungsweise Einheit. Aber auch dann geht es noch um Beziehung, nämlich zu Gott. Wobei die spirituelle Essenz aller großen Religionen und Traditionen darin übereinstimmt, Gott weder als alten Mann noch überhaupt als Mann zu verstehen. Das ist nur der klassische Irrtum des jeweiligen Bodenpersonals im Patriarchat. Selbst im christlichen Vaterunser heißt es im aramäischen Urtext *Awun,* was genauso All-Mutter wie All-Vater bedeuten kann.

Die Suche nach Einheit, Vollkommenheit oder Gott muss innen stattfinden und nicht etwa draußen in der Welt. Nichts anderes meint der christliche Satz: »Das Himmelreich Gottes liegt in euch.« Auch der große Sufi-Dichter Dschalal ad-Din Muhammad Rumi bringt es auf den Punkt mit dem Satz, der diesem Kapitel vorangestellt ist.

In der griechischen Götterwelt der Antike wurde das ganze Geheimnis so verpackt: Nach der Erschaffung der Welt hielten die Götter Rat, wo sie den Schlüssel zur Erkenntnis des Ganzen verbergen sollten, damit die Menschen ihn nicht so rasch fänden. Nachdem sie die entlegensten Orte der Erde durchgedacht hatten, kam Apoll die Erleuchtung, den Schlüssel im Herzen der Menschen selbst zu verstecken, weil diese dort am wenigsten suchen würden.

Bei den alten Griechen, am Tempel von Delphi, stand außen über dem Tor: »Erkenne dich selbst.« Drinnen soll gestanden haben: »Damit du Gott erkennst.« Auch hier dieselbe Reihenfolge: Zuerst gilt es, sich im Selbst zu erkennen, bevor es möglich wird, in Gott die Einheit von allem zu erleben.

Doch wir müssen gar nicht so weit zurückgehen, sondern nur wieder werden wie die Kinder, um zu verstehen, worum es geht. Im Kinderbuch »Oh, wie schön ist Panama« von Janosch wird empfohlen, statt Pilze zu suchen, lieber Pilze zu *finden*. Schöner Gruß von kleiner Tiger und kleiner Bär an großen Rumi!

»Findet, statt zu suchen!« Unter diesem Leitsatz ist nicht einmal die Richtung vorgegeben. Und sind gute Kompromisse keineswegs ausgeschlossen! Nie und nimmer ist einsam und verlassen, wer nur der inneren Stimme von innerer Heilerin oder innerem Arzt lauscht und schließlich Gottes Stimme vernimmt – egal, ob es den üblichen Vorstellungen entspricht, wo und wie gehört werden soll. Nichts anderes zeigt die Liebesgeschichte zwischen Franz von Assisi und der Heiligen Chiara. Ich erspare mir hier absichtlich das Wort »platonisch«, weil durchaus nicht klar ist, ob die damit verbundene Erzählung der von beiden gelebten Wahrheit oder mehr der Sicht des zölibatären Kirchenpatriarchats entspricht. Mit dem *Evangelium der Maria* liegt uns im Übrigen ein authentischer Text des Urchristentums vor, der die Rolle der Frau ganz entschieden anders darstellt. Er befreit nicht nur die Maria Magdalena vom Ruch des »leichten Mädchens« und stellt sie im Rang noch über die männlichen Jünger, sondern sogar als Partnerin neben Jesus selbst. Auch das Nonnen-Leben der Hildegard von Bingen und ihrer Mitschwester verlief in großer Freiheit und sogar einiger Freizügigkeit mit Tänzen – auch reichte es ihr, das Ornat der Nonne einmal in der Woche zu tragen.

Egal welche Richtung man an der großen Gabelung des spirituellen Weges einschlägt: Zuallererst gilt es immer, mit sich selbst glücklich zu werden – in Partnerschaft mit dem Selbst, dem Synonym der Einheit. Der Weg ist das Ziel! Und er ist in keinem Fall einfach und leicht, ob ich mir nun von Partnern aus Fleisch und Blut oder von Christus meinen Schatten zeigen lasse – christliche Nonnen tragen seinen Namen bis heute in ihrem Ehering. In jedem Fall muss ich den Schatten integrieren, und erst wenn er mit meinem Ich vereint ist, lässt sich Selbst-Verwirklichung erlangen.

»Die Braut, die sich nicht traut«

Rituale sind wichtig. Heutzutage ist es »hip«,
nicht verheiratet zu sein.
Mich interessiert es nicht, »hip« zu sein.
JOHN LENNON

Auch wer sich auf den Weg der Partnerschaft macht, ist gut beraten, sich zuvor selbst lieben zu lernen, damit sein Weg auch wirklich ins Glück führt. Insbesondere wer heiratet, sollte das beherzigen. Denn wer sich nicht selbst liebt und zu sich selbst nicht Ja sagen kann, kann auch nicht zu einem anderen Menschen wirklich Ja sagen. Das aber ist der entscheidende Punkt bei der Heirat, einer Ehe-*Schlie-ßung*. Wenn wir das Ideal einer bis zum Lebensende *geschlossenen* Beziehung immer seltener erreichen, hat das wohl auch damit zu tun, dass wir immer seltener unser Glück in uns selbst finden und es stattdessen vom Partner erwarten.

Ich habe bereits deutlich meine Meinung zum heutigen Medien-Hype gesagt. Das heißt nicht, dass ich alles ablehnen würde, was mit Unterhaltung zu tun hat. Auch gute Unterhaltung gehört zu den notwendigen Mußestunden, die sich die meisten viel zu selten gönnen. Wir Menschen dürfen und sollen auch träumen, besonders von schönen und die Seele nährenden Dingen. Warum soll es in der heutigen Zeit nicht auch eine ganze Traumfabrik geben? Ich selbst habe deren Produkten, zusammen mit meiner ersten Frau, das Film-Deutungsbuch *Die Hollywood-Therapie* gewidmet. Mehr dazu im Praxisteil des vorliegenden Buches. Hierher passt etwas daraus einfach so gut, dass ich es als erhellendes Beispiel einfügen möchte:

»Die Braut, die sich nicht traut«, mit Julia Roberts als Maggie Carpenter und Richard Gere als Ike Graham in den Hauptrollen, behandelt genau das Thema, mit dem wir uns hier jetzt befassen – äußerst unterhaltsam und auf den Punkt. Maggie arbeitet als Verkäuferin im Eisenwarenladen ihres schwer alkoholkranken Vaters. Privat ist sie die klassische Verführerin, bandelt mit unwiderstehlichem Charme mit vielen Männern an, sogar mit dem Mann ihrer besten Freundin. Das führt zu verschiedenen Heiratsanträgen, die sie – ebenfalls der typischen US-Mädchen-Sozialisation entsprechend – nicht ablehnen mag, sondern wie selbstverständlich annimmt. Immer erst im letzten Moment, in der vollen Kirche, kommt ihr die ganze Bedeutungsschwere des Rituals zu Bewusstsein, und statt das von allen erwartete Ja-Wort zu sprechen, kann sie nur noch fliehen. Sie spürt intuitiv, dass ihre Zustimmung nicht stimmig wäre, weder für sie noch für ihn.

Ike Graham, Klatschkolumnist der großen Tageszeitung, erfährt »zufällig« von den Eskapaden Maggies und macht sich in seiner Kolumne – ohne Maggie überhaupt zu kennen – lustig über ›die Braut, die sich nicht traut‹. Das bringt ihm eine Frühform dessen ein, was heute *Shitstorm* heißt, und schließlich seine Entlassung durch die Chefredakteurin der Zeitung, seine Ex-Frau. Immerhin erwirkt deren neuer Mann, Ikes Freund, für ihn eine letzte Chance und Gnadenfrist. Ike muss die Geschichte von Maggie Carpenter sauber recherchieren und sich gegebenenfalls öffentlich entschuldigen.

In deren kleinem Heimatort empfängt Ike eine Wand aus Ablehnung. Aber aus dem anfänglichen Krieg mit Worten, Gesten und kleinen Gemeinheiten entsteht mit der Zeit gegenseitiges Verständnis. Ike wird klar, dass Maggie eigentlich nicht vor dem jeweiligen Mann, sondern vor sich selbst flüchtet, da sie sich selbst überhaupt nicht kennt und gar nicht weiß, wer da eigentlich Ja sagen würde. Aus Verständnis entwickelt sich nach und nach Liebe. Ike versteht jetzt, wie hoffnungslos gefangen Maggie im Netz ihrer Muster ist. Sie kann nicht Ja sagen – weder zu sich selbst und ihrem Leben noch – daraus folgend – zum jeweiligen Verlobten. Sie bleibt auch nur ihrem Vater zuliebe in dessen Eisenwaren-Laden, würde doch aber viel lieber aus den Dingen, die sie tagtäglich verkauft, Kunstobjekte erschaffen. Tatsächlich weiß sie nicht einmal, wie sie Eier am liebsten mag, weil sie sich sofort dem jeweiligen Geschmack des jeweiligen Verlobten anpasst.

Bei den Übungen zur Vorbereitung einer weiteren Hochzeit verliebt sich auch Maggie in Ike, der sie als Einziger zu verstehen scheint. Insofern sagt sie die Hochzeit diesmal rechtzeitig, noch lange vor Betreten der Kirche, ab. Aber Maggie und Ike sind nun so verliebt, dass sie, kurz entschlossen, den schon feststehenden Termin für ihre Hochzeit übernehmen.

Und wieder kann Maggie nicht Ja sagen, zwar kennt sie sich nun selbst etwas besser, aber es reicht nicht, und sie flieht wiederum spektakulär und Ike rennt ihr vergeblich hinterher.

So offenbart der Film nebenbei noch die Falle des Verliebtseins, denn in dieser hormonellen Bewusstseins-Vergiftung sind kaum klare, nachhaltige Entscheidungen möglich. Durch die rosa Brille ihrer Verliebtheit übersahen beide völlig, dass Maggie noch längst nicht wirklich Ja zu sich selbst sagen kann und Ike ebenso wenig zu sich selbst. Er steht gar nicht zum zynischen Klatschkolumnisten, den er gibt, und zu dem, was er sein Leben nennt. Durch Maggies erneute Flucht ernüchtert, und bei jedem für sich allein, wirkt und arbeitet diese Erfahrung in beiden weiter, und sie gehen auf die Suche nach sich selbst.

Eines Tages sieht Ike in (seinem) New York ein Schaufenster mit der Kunst von Maggie Carpenter. Und auch er hat im Prozess des Allein-Seins sich in der Tiefe seiner Seele durchgerungen, seinen Traum vom Schriftsteller zu verwirklichen, statt lebenslänglich zynische Zeitungskolumnen zu verfassen. So verhalf erst die Phase des selbstbestimmten, kreativen Allein-Seins beiden dazu, sich selbst klarer, deutlicher und ehrlicher zu sehen und so überhaupt erst beziehungsfähig zu werden.

Nach langer Vorbereitung der Selbstfindung im Allein-Sein – möglicherweise war früher Verlobungszeit so gemeint – besucht Maggie Ike in New York und macht ihm einen bezaubernden Heiratsantrag, der aber auch eine Warnung vor ihr selbst beinhaltet und das *Schattenprinzip* durchaus einschließt. Natürlich kann Ike da nur Ja sagen. Nun gelingt ihre Heirat, und die längere und intensive innere Vorbereitung gibt zu den schönsten Hoffnungen für ihr gemeinsames Leben Anlass.

Die Geschichte von Ike und Maggie plädiert dafür, sich Zeit zu lassen, so lange allein zu bleiben, bis man auch für sich selbst glücklich werden kann. Wer aber glücklich mit sich selbst ist, für den ist es fast egal, wen er oder sie heiratet, und es besteht obendrein die Chance, in der Beziehung weiter zu lernen und zu vollenden, was jede/r schon für sich allein begonnen hatte: Selbstverwirklichung. Als Hollywood-Blockbuster mit gleich zwei Weltstars zielte der Film natürlich auf möglichst großen Kassenerfolg. Die Geschichte ist fiktional, ihre Botschaft aber ein Stück echter, ungemein wichtiger Lebensweisheit. Und ein berührendes Beispiel dafür, dass dank einer bewussten Phase selbstbestimmten, kreativen Allein-Seins eine Bindung fürs Leben überhaupt erst Sinn ergeben und gelingen kann.

Während die meisten versuchen, ihren Partner in Richtung des Ideals, das sie selbst glücklich machen würde, zu drängeln, zu nötigen, gar zwingen oder erpressen zu wollen, geht es in Wirklichkeit immer »nur« um die eigene (Selbst-)Verwirklichung. Entwicklung in der Projektion, sie also über den Partner erwirken zu trachten, um sie sich selbst zu ersparen, kann zu beider Glück nie beitragen. Die Freude, dass auch der Partner für sich und auf sein Selbst zuwächst, ist ein zusätzliches großes Geschenk und ihm von Herzen zu gönnen.

Direkt nach der Trennung und dem Spektakel ihrer gescheiterten Hochzeit werden sich Maggie und Ike vielleicht einsam und verlassen gefühlt und gelitten haben. Aber die folgende, bewusst genutzte Zeit des Allein-Seins hat sie weitergebracht und wachsen lassen, jeden für sich selbst und dann auch aufeinander zu. Das mag schon den fundamentalen Unterschied zeigen, zwischen dem Gefühl des Mangels bei Einsamkeit und dem Zustand des Allein- und Für-sich-Seins.

Wer mit sich selbst glücklich ist und – auch allein – ein erfülltes Leben lebt, kann es auch mit jedem und jeder anderen. »Die Braut, die sich nicht traut« tat also gut daran, sich nicht auf jemand einzulassen, bevor sie sich auf sich selbst eingelassen hatte. Zuvor hatte sie sich nicht in ihr Innerstes gewagt, um herauszufinden, wer sie ist und wer sie in Zukunft sein will. Sie hatte sogar ihre beste Freundin gefragt, ob sie wirklich jeden Mann anflirtete! Nun konnte diese es ihr am Beispiel ihres eigenen Ehemannes überzeugend bestätigen. Maggies fluchtartiges Nein zu den Fremden, die da jeweils neben ihr am Altar standen und sie fürs ganze Leben haben wollten, war also eher ein verdrucktes Ja zu sich selbst.

Letztlich ist erst reif für eine Beziehung, wer seine eigenen Schatten- und Lichtseiten im Hinblick auf sein ganzes Potential gesehen, anerkannt und angenommen hat. Sich selbst anzunehmen, wie man ist, macht reif und reich und damit auch im tiefsten Sinne beziehungsfähig.

Noch einen wesentlichen Schritt weiter gedacht, könnte jede(r), die oder der mit sich selbst glücklich ist, nicht nur mit jeder oder jedem anderen ebenfalls glücklich werden, sondern auch den Partner glücklich machen. Das hieße, ihn oder sie auch zu seinem/ihrem eigenen vollen Potential in Resonanz zu bringen.

Beziehung wird so zum Luxus für jene, die es allein schaffen würden, es aber auch gemeinsam genießen wollen.

Unsere inneren Schätze heben

Nur durch die Liebe finden wir Sinn.
Wenn wir in Liebe aufgehen, werden wir Sinn.
DAVID STEINDL-RAST

Der christliche Mystiker und Philosoph Meister Eckhart lässt noch die Achtsamkeit mit anklingen: »Die wichtigste Stunde ist immer die Gegenwart, der bedeutendste Mensch immer der, der dir gerade gegenübersteht, und das notwendigste Werk ist immer die Liebe.« Wer allein lebt, steht sich meist selbst gegenüber und ist aufgefordert, in diesem und jedem Moment des Hier und Jetzt sich selbst zu lieben. Sicher ist er bei der Selbstliebe im »grünen Bereich«, sobald er Einsamkeit in Allein-Sein gewandelt hat.

Die Vorstufe zur Liebe ist Wertschätzung – gegenüber uns selbst und im Zusammenleben mit anderen. Reinhard Haller, Psychotherapeut und Psychiater, schreibt in »Das Wunder der Wertschätzung«: »Stünde die Wertschätzung im Mittelpunkt zwischenmenschlicher Kommunikation, ließen sich zahllose Probleme beheben und sehr viele verhindern.« Allein-Stehende müssen sich diese Wertschätzung selbst geben, sich selbst anerkennen und auch loben. Dabei ist auch wieder der Schatten in Gestalt der Selbstüberschätzung im Auge zu behalten, denn Solisten erhalten ihr Verhalten nicht gespiegelt. Ganz grundsätzlich sind sie aber in einer sehr guten Position, weil sie nicht auf die Wertschätzung des Partners spekulieren können, um sich ihrer Aufgabe, sich selbst wertzuschätzen, unbewusst zu entziehen.

Ähnlich verhält es sich mit dem Selbstbewusstsein. Das bedeutet nicht, eine breite Brust zu zeigen, sondern nicht mehr und nicht weniger, als sich seiner Selbst bewusst zu sein. Dazu gehört: zu wissen, wer man ist und wer nicht, und was man kann und was nicht, um zu sich selbst von ganzem Herzen Ja sagen zu können. Es gilt, die eigenen Licht- und Schattenseiten, die Tugenden und Untugenden, die Stärken und Schwächen kennen und schätzen zu lernen.

Über eine weitere Falle haben wir bereits gesprochen: seinen Selbstwert über Besitz oder Aussehen zu definieren. Beides sind Äußerlichkeiten, deren Anerkennung langfristig unbefriedigend bleibt. Nachhaltiges Selbstwertgefühl kommt nie von außen, sondern immer von innen. Oder anders gesagt, die Anerkennung übers Außen wird nie sättigen und darf nie aufhören, sonst ist wieder Krise angesagt. In den USA findet man allen Ernstes Selbsthilfe-Gruppen für Milliardäre und Multimillionäre. Schwerreich zu sein ist offenbar schwer erträglich. *Bedenke, was du dir wünschst, es könnte dir gewährt werden.*

Meines Wissens nicht wissenschaftlich bestätigt, aber oft beobachtet: Männer suchen häufiger mit ihrem Besitz beim anderen Geschlecht zu punkten, Frauen mit ihrem Aussehen. Beide Typen finden oft zueinander und gehen Beziehungen ein. Dabei hat frau chronisch die schlechteren Karten. *Sein* Kapital nimmt in der Regel –

nach dem Resonanzgesetz – weiter zu, weil Geld zu Geld kommt beziehungsweise, wie der bayrische Volksmund sagt, »der Teufel immer auf den größten Haufen scheißt«. *Ihr* Kapital aber, die körperliche Attraktivität, nimmt naturgesetzlich ab. Wo diese Diskrepanz überdeutlich wurde, musste ich schon öfter darüber klagenden Frauen sagen: »Sie haben sich so lange von ihm aushalten lassen, jetzt müssen sie ihn eben auch aushalten.«

Bilden Wertschätzung, Liebe und Selbstbewusstsein sich aber in uns selbst und auch für uns selbst, leben wir somit also für uns selbst und nicht für andere, spiegelt sich das oft auch in Anerkennung von außen. Äußere Anerkennung allein aber kann niemals zu gesunder Selbst-Achtung führen. Unsere inneren Schätze zu heben nimmt uns niemand ab. Selbst erschaffen müssen wir sie indes nicht erst. Ihr natürlicher Ursprung ist das Urvertrauen, das wir aus der frühen Schwangerschaft unserer Mutter mitbringen. Schwerelos im Fruchtwasser schwebend, herrschte für uns drinnen wie draußen dieselbe angenehme Temperatur, sodass wir unsere Grenzen noch nicht wahrnahmen. Wir fühlten uns eins mit der Welt in Gestalt unserer Mutter. In dieser Zeit natürlicher Einheitsgefühle, für die wir gar nichts tun mussten, tankten wir Urvertrauen.

Haben wir von dieser wundervollsten Mitgift nicht genug bekommen, ist Urvertrauen nicht durch äußere Maßnahmen nachzuholen. Der beste Friseur, die teuersten Kleider und der wertvollste Schmuck nützen so wenig wie dicke Autos und prall gefüllte Bankkonten. Der oftmalige Grund dafür lässt sich nicht rückgängig machen: eine ungewollte Schwangerschaft, in der die Eltern sich und dich mit Abtreibungsgedanken quälten und weder zu dir und deiner Ankunft stehen noch sich auf dich freuen konnten. Die einzige mir bekannte therapeutische Möglichkeit besteht darin, Urvertrauen »nachzutanken«, etwa durch Einheits-Erfahrungen, wie sie durch spirituelle Exerzitien und Meditationsübungen zu erlangen sind. Die zielführendste und rascheste Chance, »Einheit« zu erleben, liegt – nach meinen Erfahrungen – im »verbundenen Atem«.

Kleine Hilfen sind das Üben von Dankbarkeit, für die es so viele Gründe gibt. Yogi Bhajan bringt es in die Kurzformel: *Best attitude = gratitude.* Auch bewusstes, systematisches Anerkennen der eigenen Leistungen hilft.

Sich Gedanken machen, mal nicht im kritischen Sinn, sondern als positive Übung, ist ebenfalls hilfreich. Erfolge imaginieren, sie spielerisch in Gedanken verwirklichen, bis sie sich einstellen und spielend glücken, kann auch helfen, nach dem amerikanischen Motto: *Fake it until you make it* – spiel es, bis es spielerisch gelingt.

Immer und sowieso hilfreich wäre, wenn du dir ganz klarmachst, was dir guttut und was nicht. Und danach zu handeln!

Gut tut es immer, sich mit Mutter Erde und allem Leben zu verbinden und grundsätzlich nichts Gefährliches, Schädliches und Giftiges mehr zu sich zu nehmen und für gute Luft und gutes Wasser zu sorgen.

Meiner Seele und meinem Geist schließlich tue ich unendlich viel Gutes, wenn ich die *Schicksalsgesetze* zu verstehen und freiwillig zu beachten lerne, statt auf die harte Tour durch Versuch und Irrtum. Wer Fehler als Chance erkennen lernt, Fehlendes zu integrieren, wird wachsen. Wer Enttäuschungen als Ende von Täuschungen erlebt, auf die er nicht mehr hereinfällt, gewinnt an Zukunft.

Narzissmus – eine moderne Pandemie?

Krankheiten überfallen den Menschen nicht wie ein Blitz
aus heiterem Himmel, sondern sind
die Folgen fortgesetzter Fehler wider die Natur.
HIPPOKRATES

Im Mythos lässt der wunderschöne Jüngling Narziss seine zahlreichen Verehrerinnen und Verehrer abblitzen, weil er sich einfach zu gut und zu schön ist für eine Beziehung. Er ist sich selbst genug – allerdings im unerlösten Sinn. So straft ihn die Göttin Artemis mit einer nicht stillbaren Selbstliebe. Er bekommt nun gar nicht mehr genug von sich selbst und verliebt sich unsterblich in sein eigenes Spiegelbild im Wasser, das hier das Unbewusste repräsentiert. Nur das Licht des Bewusstseins offenbart wirkliche Liebe. Narzissmus, als Schatten der Selbstliebe, ist keine Offenbarung, sondern in milderen Formen ein Zeichen von Unreife; chronifiziert markiert er eine Persönlichkeitsstörung aufgrund extremer Selbstbezogenheit.

Da gesunde Selbstliebe für ein gelingendes Leben unabdingbar ist, bildet sie auch eine wesentliche Entwicklungsstufe für das heranwachsende Kind. Ein Kind kann überhaupt erst ab dem vierten bis fünften Lebensjahr mit der Entwicklung der Spiegelneuronen so weit von sich selbst abstrahieren, dass es zu Empathie fähig wird. Vorher muss es seine narzisstische Phase durchmachen.

Wer es nicht schon erwartet hätte oder sehen kommen, sollte wenigstens nicht mehr die Augen davor verschließen: Wir erleben eine regelrechte Pandemie des Narzissmus. Ich will mich hier nicht an Zuweisungen ihres Ursprungsorts beteiligen; in einer »globalisierten« Welt erscheint mir das müßig. Früher oder später sind wir doch alle irgendwie involviert, ob wir wollen oder nicht. Nicht nur als Empfänger, sondern auch als Sender. Jeder kennt genügend Beispiele für schambefreite, in ihrer traurigen Lächerlichkeit bestürzende Begleiterscheinungen der Selbst-Bewerbungs-Welle. Vielleicht sollte man mittlerweile von einem Tsunami der Ego-Besessenheit sprechen, im Gefolge einer unverhohlenen Heiligsprechung des Narzissmus samt seiner kommerziellen Ausbeutung.

Es wäre allerdings unangemessen, hier über eine ganz bestimmte Mit-Ursache der Misere hinwegzugehen. Schließlich ist dies ein Buch, das der Wiederherstellung des guten Rufs von Selbstliebe dienen und darüber hinaus ein freiwilliges, bewusstes Allein-Sein aus der zugewiesenen Schmuddelecke holen will. Ich meine die mit Händen zu greifende Vereinsamung Abermillionen Einzelner. Indes bleibe ich dabei: Singles, als rasch wachsende Bevölkerungsgruppe der westlichen Welt sind zwar wesentlich Kinder der Moderne. Aber sie müssen keineswegs Opfer oder gar Mittler eines grassierenden Kulturverlusts sein. Selbst-liebende, selbst-bewusste Allein-Stehende sind vielmehr prädestiniert für ein Leben als selbstermächtigte, innerlich befreite Menschen und Mitarbeiter an der Heilung unserer Welt.

Von der Einsamkeits-Forschung zur Einsamkeits-Therapie: Was uns die Wissenschaft zu sagen hat

Einsamkeit und das Gefühl, unerwünscht zu sein,
ist die schlimmste Armut.

MUTTER TERESA

Professor John Cacioppo von der University of Chicago, Mitbegründer der sozialen Neurowissenschaften, hat mit seinen Studien für grundlegende Erkenntnisse in der Erforschung von Einsamkeit gesorgt. Insbesondere ging er ihren gesundheitlichen Gefahren nach. Einsamkeit schwächt das Immunsystem fast wie Angst und erhöht somit die Anfälligkeit für Infekte. Ihre Schädlichkeit ist dem Rauchen und Übergewicht vergleichbar. Insgesamt wirkt sich Einsamkeit lebensverkürzend aus, wie inzwischen nicht wenige Studien bestätigen. Ich selbst habe mich im Buch *Corona als Weckruf – wie wir doch noch zu retten sind* näher damit beschäftigt.

Leider nimmt die bisherige Forschung das Thema ganz überwiegend nur im Hinblick auf die Vorteile von Partnerschaft wahr. Prinzipiell wird zwischen Einsamkeit und Allein-Sein nicht unterschieden. Keine Frage: Ein Leben in Partnerschaft wird einem Single-Leben in *Einsamkeit* immer vorzuziehen sein. Aber auch einem

Single-Leben in bewusstem *Allein-Sein?* Da sind doch grundsätzliche Zweifel anzumelden. Da aber die vorliegenden Studien Probleme vieler Alleinstehender beweisen, ist zu befürchten, dass zu viele unter ihnen an Einsamkeit leiden, statt die Chancen von Unabhängigkeit und Freiheit zu nutzen und bewusstes Allein-Sein zu genießen.

Cacioppo: »Niemand von uns ist immun gegen das Gefühl, isoliert zu sein, genauso wenig wie wir immun sind gegen Hungergefühle oder Schmerz.« Andere Wissenschaftler erklären die krank machende Wirkung von Einsamkeit mit evolutionsbiologischen Gründen. Studien zeigen, wie einerseits Interaktionen mit anderen Menschen das Belohnungssystem im Gehirn aktivieren. Andererseits wird bei Menschen, die sich sozial ausgeschlossen fühlen, jene Hirnregion aktiviert, die auch für körperlichen Schmerz zuständig ist.

Der tiefere Grund liegt hier wohl in der Frühzeit unserer Art, als Wohl und Wehe des Einzelnen an der Zugehörigkeit zur Gruppe hingen. Unsere frühesten Vorfahren mussten um des schieren Überlebens willen lernen, mit den Mitgliedern ihrer Gruppe klarzukommen. Der niederländische Historiker Rutger Bregman sieht in Gruppen-Orientierung und Freundlichkeit sogar den entscheidenden Evolutionsvorteil unserer Ahnen gegenüber ihren Zeitgenossen, den Neandertalern.

Heute aber sind wir auf dem demografischen Gegenpol gelandet, sind von so vielen Menschen umgeben, und das oft auf engstem Raum, mit dem Ergebnis, dass es immer mehr Menschen schon zu viel wird. »Dichtestress« ist schlicht ungesund – zahlreiche Symptome sind wissenschaftlich belegt. Ein Hauptgrund ist, dass auf permanent hohem Stress- und Cortisol-Level unsere verschiedenen Organsysteme, mit dem Gehirn an der Spitze, nicht mehr genügend Ruhe und damit Regenerationszeit bekommen.

Für unser Gehirn ist mittlerweile bewiesen, dass es sich nur in Tiefschlafphasen nachhaltig reinigen kann. Mit reduziertem, zudem durch den Wecker abrupt beendetem Schlaf erhöhen wir die Wahrscheinlichkeit für Alzheimer-Demenz drastisch. Mit ihr geht so gut wie immer ein erhöhter Level des Stresshormons Cortisol einher. Heute schlafen wir durchschnittlich sieben Stunden, vor hundert Jahren waren es noch neun, und Alois Alzheimer war ein unbekannter bayerischer Psychiater. Das Krankheitsbild, das später seinen Namen bekam, war ebenfalls unbekannt. Er hatte eine einzige Patientin, Auguste Deter, und fand danach kaum andere. Statt hier auf weitere gesundheitsschädliche Auswirkungen des heute üblichen Lebensstils einzugehen, gestatte ich mir den Verweis auf mein Buch *Das Alter als Geschenk*. Mitentscheidend ist in jedem Fall die allgemeine Reduzierung der notwendigen Regeneration.

Im Gegensatz zu Einsamkeit bietet bewusstes Allein-Sein gerade in unserer stressreichen Zeit echte Chancen, sich vor Reizüberflutung zu bewahren und vor allem von unerwünschten äußeren Reizen abzuschotten. Sich endlich wieder auf sich selbst zu besinnen bringt nicht nur Entspannung und vitale Kraft, sondern fördert auch unsere Kreativität. Im eigentlichen Sinn ist Kreativität die Fähigkeit, etwas zu erschaffen, das neu, originell und im weitesten Sinn brauchbar ist. In ihrer höchsten und seltensten Form ist sie eine Gottesgabe, die zur Erschaffung großer Werke der Kunst und Wissenschaft drängt. In ihrer alltäglichen Form ist sie lebensnotwendig für uns alle. Sie ist nämlich Kern und Wesen dessen, was unsere persönliche Problemlösungskompetenz ausmacht.

Mit schwierigen Lebenslagen selbstständig zurechtzukommen gilt in der Psychologie inzwischen als Zeichen seelischer Reife. Die auf Einsamkeit spezialisierte Soziologin Dr. Caroline Bohn gehört zu jenen Forschern, die erkannt haben, dass der Weg aus der Einsamkeit in ein reiches, erfülltes Leben durch bewusstes Üben von Allein-Sein zu finden ist. Ihre Forschungen zeigten, wie wichtig es dann ist, die Aufmerksamkeit nach innen zu richten, um die eigenen Bedürfnisse und Wünsche zu erkennen, statt sich ständig mit Aktivitäten abzulenken. Insofern wird bewusstes Allein-Sein zur Therapie der Einsamkeit.

Auch die Wissenschaft beginnt also den qualitativen Unterschied von Einsamkeit und Allein-Sein zur Kenntnis zu nehmen, gestützt auf Studien, die belegen, dass es uns sehr guttun kann, Zeit nur für und mit uns selbst zu verbringen. Dass es schon den neudeutschen Ausdruck »Me-Time« gibt, macht etwas Hoffnung, dass sich allmählich ein positiver Trend sogar aus der bedenklich voranschreitenden, negativen Entwicklung zu massenhafter Vereinsamung entwickeln könnte.

Bei einer Umfrage in 134 Ländern mit 18.000 TeilnehmerInnen, im Verbund mit der britischen Rundfunkanstalt BBC, landete Allein-Sein unter den als besonders erholsam empfundenen Aktivitäten an dritter Stelle, nach Lesen und In-der-Natur-Sein. Eine Studie von Psychologen der Technischen Universität Dresden belegt, dass Menschen, die sich Zeit für sich allein nehmen, gesundheitlich und psychisch stabiler sind.

Psychiater und Hirnforscher Manfred Spitzer schrieb das Buch »Einsamkeit – Die unerkannte Krankheit« und schildert, wie sehr Einsamkeit nicht nur ältere, sondern heute zunehmend auch junge Leute trifft. Einsamkeit gilt Spitzer als ansteckende und kaum erforschte Krankheit, die sich »schneller ausbreitet, als die Immunität gegen sie aufgebaut werden kann«. Er versteht darunter den völligen Verlust von körperlichen und sozialen Kontakten und den kompletten Mangel an Austausch mit anderen Menschen. Diese Definition spart sich allerdings die Einbeziehung der so bedeutungsvollen Beziehung eines Menschen zu sich selbst. Aufhorchen lässt jedoch Spitzers Prognose, Einsamkeit werde in absehbarer Zeit die Todesursache Nummer eins in der westlichen Welt sein.

Das gilt es zu ändern.

Niemand ist schuld, wir alle sind verantwortlich

Jede schwierige Situation, die du jetzt meisterst, bleibt dir in der Zukunft erspart.

DALAI LAMA

Einsamkeit ist unfreiwillig, man fällt ihr zum Opfer. Bewusstes Allein-Sein dagegen ist gewollt und als Geschenk an uns selbst gemeint. Ein Geschenk, für das wir der Welt, in der wir heute leben, dankbar sein dürfen. Denn noch bis in die Neuzeit war es kaum möglich, ohne Bezugsgruppe überhaupt zu überleben. Allerdings boten die Eremitage-Angebote der Religionen ein anerkanntes, sogar hoch angesehenes Angebot für ein kontemplatives Leben in Sicherheit. Ganz am Anfang unserer Geschichte hingegen spielten Individuation und Selbstverwirklichung wohl noch gar keine Rolle. Selbst gewähltes Allein-Sein, als Chance zu innerer Freiheit und Selbstvervollkommnung verstanden, ist grundsätzlich erst als moderner Trend denkbar. Ein lebendiges, farbenfrohes Bild von Individualisten, die zusammen eine bunt-vielseitige Gemeinschaft bilden, ist im Entstehen. Individuation lebt von Phasen des Allein-Seins, die auch die Gruppe durchaus gewähren kann, denn sie profitiert von den Individualisten, deren Kreativität und Entscheidungsfreudigkeit im bewussten Allein-Sein gewachsen sind. Von solchen bewusst Allein-Stehenden gehen Impulse für inneres Wachstum aus, durch die eine vitale Gemeinschaft nur profitieren kann. Das könnte die Vision unserer Zukunft sein: viele auf ihre spirituelle Entwicklung setzende Individualisten, die zusammen eine mannigfaltige, lern- und entwicklungsbereite Gemeinschaft ergeben, die sie unterstützen und die ihnen Unterstützung gewährt.

Die Geschichte der Menschheit ist auch als Befreiungskampf aus einer Vielzahl von Abhängigkeiten zu lesen. Auch die Ehe war die längste Zeit doch wohl mehr eine Vermögens- und Versorgungs- als eine Liebesgemeinschaft. Goethe setzte mit dem Bekenntnisroman »Die Leiden des jungen Werther« dem Ringen seiner Zeit um das Recht auf Leidenschaft und Gefühlsbetontheit ein literarisches Denkmal. Bis Mitte des letzten Jahrhunderts mischten Eltern und Großeltern bei der Partner- und Berufswahl mit. Seit alters war es selbstverständlich, dass der älteste Sohn den Hof, das Geschäft oder die Firma übernahm. Nachdem es für die Töchter keine Option mehr war, ins Kloster zu gehen, mussten sie heiraten oder sich als alte Jungfern diskriminieren lassen. In besitzenden Kreisen gilt selbst heute noch: »Wir haben eine Brauerei und die haben eine, also braut was zusammen.«

Auch in meiner eher liberalen Familie wurde über eine Tante, die zweifache Fachärztin und eine Kapazität in ihren Fächern war, gelästert, »Tante Ingeborg habe keinen abgekriegt«. Tatsächlich hatte sie in der DDR bewusst nicht geheiratet, weil sie dem von ihr verabscheuten System keine Kinder schenken wollte und sich bewusst ganz ihrem Ärztin-Sein widmete. Wohl hatte sie auch kein Mann so beeindrucken und erobern können, dass sie in eine Ehe einwilligte, sondern lieber all ihre Energie in ihre(n) Beruf(ung) fließen ließ.

Wie weit die meisten von uns heute frei und allein über Lebensweise und -weg entscheiden und bestimmen können, wäre noch für unsere (Ur-)Großeltern schier undenkbar gewesen.

Die Kinder der Bürgerwelt jedenfalls können heute problemlos im Ausland studieren und sich verlieben, dort auch zum Arbeiten bleiben – solange sie wollen. »Du solltest eine Zeit lang in den USA studieren«, meinte mein Vater, der dort selbst seine Karriere gestartet hatte. Die Logik war: Egal, was ich mal machen würde, es wäre auf jeden Fall gut, denn da kämen die neuen Trends her. Das noble College bezahlte er nicht nur, sondern »half« auch sehr bei der Auswahl.

Der Zerfall der Familien und des herkömmlichen sozialen Gefüges fördert diese Entwicklung zusätzlich. Wer noch nie im Ausland war, wird inzwischen fast schon schräg angesehen. Allein zu leben ist zumindest in der Stadt schon normal. Auf dem Land ist das vielerorts noch anders.

Nicht erst in Zeiten der Pandemie müssen wir erkennen, welch verletzliches Gut unsere persönliche Freiheit ist. Als schrankenloses Laissez-faire missverstanden, stellt Freiheit sich aber selbst infrage. Freiheit und Individualisierung sind notwendige, wenn auch keine hinreichenden Bedingungen für Selbstverwirklichung und Individuation. Natürlich lockt die Vielfalt und Vielschichtigkeit des großstädtischen Erlebnisraums. Dort findet jeder seine gewünschte Arena der »Selbstverwirklichung« – sei es im Vergnügungsviertel oder im Meditationszentrum. Die Lebenshaltungskosten dort setzen aber vielen Menschen spürbare Grenzen bei der Nutzung der immensen Wahlmöglichkeiten. Und es gibt auch diejenigen, die, um ihrer inneren Stimme besser lauschen zu können, mit der langweiligeren, aber auch stilleren Provinz vorliebnehmen.

Machen wir also das Beste daraus und übernehmen wir Verantwortung – eine Jede und ein Jeder. Selbstver*antwort*ung heißt die richtigen *Antworten* auf gestellte Herausforderungen geben.

Niemand ist schuld, wir alle sind verantwortlich! Allererst für uns selbst.

Jedem Anfang wohnt ein Zauber inne – und danach?

Und plötzlich weißt du:
Es ist Zeit, etwas Neues zu beginnen und dem
Zauber des Anfangs zu vertrauen.
MEISTER ECKHART

Wir Menschen können allein sein und uns damit ausgesprochen wohl fühlen. Oder aber wir empfinden es doch mehr als Einsamkeit, allein zu sein. Auch in Partnerschaft können wir uns alleingelassen fühlen. Das macht nicht nur mit der Partnerschaft etwas, sondern auch mit uns. Wir sind doppelt unglücklich, mit dem anderen und mit uns selbst. Dabei empfinden wir innere Leere – als Abwesenheit von Sinnerfüllung, statt von Angst und Leid. Wenn dieser Zustand chronisch wird, sind die Gemeinsamkeiten der Partnerschaft wohl aufgebraucht.

Der erste Reflex ist dann oft, die eigenen Einsamkeits-Gefühle auf den Partner zu projizieren, indem man sich der Überzeugung hingibt: »Du lässt mich im Stich.« Aber wenn wir ehrlich sind, müssen wir erkennen: Es liegt an uns beiden.

Gehen wir das Problem praktisch an! Lassen wir vor allem die persönliche(n) Vergangenheit(en) als mögliche Gründe einmal weg.

Beschäftigen wir uns für einmal mit dem, was *ist* – im Hier und jetzt. Da zeigt sich sehr oft, dass solche Paare in der Sackgasse der Routine gelandet sind. Standen bei der ersten Berührung noch alle kleinen Härchen der Haut vor Erregung auf, rührt sich da nun nichts mehr. Man hat sich aneinander gewöhnt und einen Alltag entwickelt, der vom Immergleichen bestimmt ist. Routine ist anfangs immer angenehm. Jede neue Partnerschaft ist eine Herausforderung. Es gilt, ein grundlegend verändertes Leben in den Griff zu bekommen. Routinen zu entwickeln hilft, Ruhe und Entspannung einkehren zu lassen.

Aber Herausforderungen fordern uns nicht nur, sondern fördern uns auch, lassen uns wachsen und lernen, und das macht – wissenschaftlich belegt – glücklich! Lernerfahrung, persönliche Förderung, inneres Wachstum und Glück – all das kann durch ein Zuviel an Routine erstickt werden.

Wir alle kennen das – neben der Partnerschaft mag der Beruf dafür die »beliebtesten« Beispiele liefern. Dann steigt sie wieder hoch, die Erinnerung an den Zauber des Anfangs. Ihn zu bewahren, ob in Partnerschaft, im Beruf oder wo auch immer, wäre wahrhaft bezaubernd und würde uns tief beglücken. Doch scheint es alles andere als leicht zu sein. Sicher ist es besser, allein glücklich zu sein, als in der Partnerschaft unglücklich. Aber selbstverständlich ist es auch schöner, in der Partnerschaft glücklich, als allein unglücklich zu sein.

Beglückend ist es auch, den inneren Gewinn aus glücklichen Phasen des Allein-Seins in eine Beziehung zu integrieren – was sie umso glücklicher werden lässt. Zu meinen absoluten Lieblingsbeschäftigungen gehören die Meditation und das Schreiben. Beides klassische Beispiele, um den Selbstverwirklichungs-Solisten in mir zu beglücken. Hat mir aber die Partnerin jemals sagen müssen, ich sei schlecht gelaunt aus einer Meditation herausgekommen? Und heute Abend freut sie sich mit mir, wenn ich mein schriftliches Tagwerk mit ihr teile, beim Vorlesen. Und es schließlich mit euch teilen zu können lässt es für mich wahrlich zum Glücks-Triple werden! Im Anfang war bewusstes Allein-Sein ...

Womit auch immer Menschen sich zu beschäftigen lieben, vor allem aber, wenn sie es lieben, sich mit sich selbst beschäftigen, egal ob allein oder in Gemeinsamkeit: Was frisch gehalten werden soll, das gilt es vor erstickender Routine zu bewahren.

Die Mechanismen, die zur Routine führen, sind in Partnerschaft und Beruf ähnlich. Der Volksmund weiß, »Gleich und Gleich gesellt sich gern«, aber auch »Gegensätze ziehen sich an«. Ersteres entspricht dem Resonanz-, Letzteres dem Polaritäts-Gesetz. Will sagen: Es gibt sowohl Partnerschaften wie Berufe zum Wohl. Aber beides kann auch zum Heil führen. Wenn die Partner sehr verschieden oder gar gegensätzlich sind, ist für Auseinandersetzungen und Spannung gesorgt, und Ruhe und Gemütlichkeit können fehlen. Dann werden sich beide nach Resonanz und manchmal sogar etwas Routine sehnen. Ist es aber nur noch gemütlich und bequem und alles immer ruhig und in Resonanz, fehlen Spannung und Herausforderung der Polarität. Wir brauchen also beides: Spannung und Entspannung, Herausforderung und Gemütlichkeit – in Partnerschaft wie Beruf. Wachstum und Lernen machen glücklich und bestimmen die Beziehung und den Beruf zum Heil. Ohne Ruhe und Gemütlichkeit fühlen wir uns aber auf Dauer zu angestrengt und

-gespannt, um in Partnerschaft oder im Beruf glücklich zu bleiben. Zu finden ist die individuelle Mischung, die für dieses Paar oder diesen Menschen und seinen Beruf passt.

In jedem Fall muss sich jede(r) immer erst selbst kennenlernen und erspüren, welche Mischung sie oder er braucht. Was nun die Partnerschaft betrifft: Den idealen Partner im Sinne der sogenannten Dual-Seele wird es nicht geben. Denn falls er einem völlig entspricht, also in vollkommener Resonanz ist, fehlt die Herausforderung der Polarität. Ist aber alles gegensätzlich und unterliegt der vollen Spannung der Gegensätze, funkt es zwar anfangs gewaltig, aber so viel Herausforderung halten wir auf Dauer kaum aus ... Das Resultat wäre in beiden Fällen: sich sogar in der Beziehung allein zu fühlen.

Für Befreiung und Vollkommenheit Suchende gilt: so viel »Beziehung zum Heil«, also Gegensätzliches, wie noch erträglich. Und so viel »Wohl«, also Gemütlichkeit, wie unbedingt »notwendig. Allerdings ist zu bedenken, dass unser Gehirn zwecks Energie- Ersparnis gegen alles Neue und alle Herausforderungen ist.

Ritual statt Routine

Er lebte noch, als er starb
VON PAOLO COELHO FÜR SICH SELBST
GEWÜNSCHTE GRABINSCHRIFT

Welche Botschaft will uns der berühmte Schriftsteller und überzeugende Schilderer der Wunder und Fährnisse des spirituellen Weges damit hinterlassen? Wohl die, dass die Entwicklung zum Heil nicht in Routine ersterben darf.

Bewusstheit ist der Gegenpol zu Routine. Achtsamkeit ist erwachende Bewusstheit. Nicht auf das äußere Bild kommt es an, sondern auf die innere Qualität. Exerzitien wie beim Za-Zen bieten, von außen betrachtet, ein Bild von »Routine total«, weil der gesamte Tagesablauf im Zen-Kloster, wie ja auch bei den Zisterziensern, minutiös auf Rituale festgelegt ist. Im Inneren gesehen aber ist es ein Muster, das zum vollkommenen Erwachen führen kann. Ritual – im wohlverstandenen Sinne – lebt ganz und gar von Bewusstheit, während Routine eine Form der Unbewusstheit ist. Das gilt nicht nur im Kloster, sondern in jeder beliebigen Lebenswelt.

Um zu verstehen, wie wichtig Rituale genommen werden und wie wirksam sie sind, brauchen wir uns nur in unserer unmittelbaren Umgebung umzusehen. Eine nach katholischem Ritual geschlossene Ehe ist nicht einmal durch einen offiziellen juristischen Scheidungsakt aufzulösen. Nach katholischem Selbstverständnis ist ein »Bis dass der Tod euch scheidet!« nach wie vor voll und ganz ernst gemeint. Sogar aus dieser verordneten Unlösbarkeit wird der Ausweg auch mit selbstgebastelten Ritualen gesucht. Diese leben dann wiederum von der Bewusstheit der Beteiligten. Der effektivste Rahmen wäre dann, die Hochzeitsgäste neuerlich zu versammeln, vor allem die Trauzeugen, um eine Trennungszeremonie mit Bewusstheit aufzuladen und somit zu einem wirksamen Ritual aufzuwerten.

Ich kenne ein Beispiel zweier ehemaliger Eheleute, die ihr Hochzeitsfoto unter den Blicken ihren Trauzeugen und Gäste zeremoniell auseinanderschnitten. Ganz achtsam und bewusst, um dem anderen nicht wehzutun. Anschließend schmiedete eine Goldschmiedin vor den Gästen für die gemeinsame Tochter aus beiden Eheringen ein Schmuckstück mit einem wertvollen Stein obenauf. Jedes Elternteil hatte dazu beigetragen. Eine wahrhaft eindrückliche rituelle Choreographie – doch ist es nicht allein die symbolische Handlung, um die es dabei geht. Bewusstheit macht den Unterschied, sie allein setzt die seelische Energie frei, um eine funktional banale Handlung zum wirkungsmächtigen Ritual zu wandeln. Die jüdische Glaubensgemeinschaft kennt seit je die rituelle Scheidung in der Synagoge. Im heutigen Italien führen Priester illegale Trennungsrituale durch, um seelisches Elend zu lindern.

Rituale sind nach wie vor auch selbstverständlicher Bestandteil des politischen Lebens – bis ins Extrem. Noch nach Flucht und

Selbstauslöschung des Führers und seiner Top-Nazis kämpften die längst besiegten Deutschen zunächst trotzdem weiter. Erst als für das rituelle Ende gesorgt war, weil ein gewisser Admiral Dönitz, von den Übriggebliebenen der Ranghöchste, die Kapitulationsurkunde unterschrieben hatte, schwiegen die Waffen. In Japan ging der auch dort längst aussichtslose Krieg noch monatelang weiter, bis ein »Gottkönig« wie der Tenno endlich aufgab.

Zu viel Routine saugt das Leben aus allem, was wir wiederholt tun. Wiederholungen aber sind im Alltag unvermeidlich, denn Leben ist immer auch Rhythmus und lebendige Wiederholung. Zu unserem Glück können wir jede Gewohnheit, sogar wenn sie sich zur Routine ausgewachsen hat, in ein Ritual verwandeln. Aber nur, wenn wir Bewusstheit in eine Handlung fließen lassen und ihr damit Kraft und Bedeutung verleihen.

Freilich ist es vorteilhaft, frei darüber entscheiden zu können, welche Gewohnheit für den Anfang passend für die Transformation zum bewussten Ritual ist. Auch ganz banale Handlungen eignen sich. Sie sind sogar ganz besonders geeignet. Wer sein komplettes Leben auf einen Schlag in ein einziges intensives Ritual zu wandeln beabsichtigt, dürfte bald wieder die Motivation verlieren. Demotivierend wäre auch, wenn einem jemand hineinredet, sobald man einfachste Regelverrichtungen am Tagesbeginn und -ende zum bewussten Morgen- und Abendritual hochstuft. Für Singles ist da der Einstieg ungleich einfacher, die Herausforderung bleibt auf lange Sicht gesehen aber gleich. In welchem persönlichen Umfeld auch immer: Es mag sich als gefühlt einfacher darstellen, im Lotussitz im stillen Kämmerlein in sich zu ruhen, als sich beim Aufräumen der Wohnung bewusst und fließend wie beim Tai Chi zu bewegen.

Bei sehr einfachem, gar als langweilig empfundenem Tun kommt man leichter ans Ziel als mit komplexen, anspruchsvollen Tätigkeiten. Schon der christliche Meister Bernhard von Clairvaux verordnete seinen Benediktinern möglichst einfache handwerkliche Arbeiten. Ihr Wahlspruch *Ora et labora – bete und arbeite* war sehr wörtlich zu nehmen. Also nicht erst beten, dann arbeiten, sondern beides gleichzeitig: Beten als bewusste Selbst-Erinnerung während der Arbeit. Traditionell ließ auch der tibetische Bauer die Perlen seiner Mala in der einen Hand kreisen, während er mit der anderen verschiedene einfache Arbeiten verrichten konnte. Weder im Benediktinerkloster noch im Hochland von Tibet sollte das spirituelles Multitasking sein. Es ging darum, Arbeit in ein Gebet zu wandeln, um das Bewusstsein zu heben und den Sinn aufs Selbst zu richten. Damit wären auch wir, im eigenen Alltag, im besten Sinn auf dem Weg zu uns selbst.

Meiner eigenen Erfahrung nach sind gerade die simpelsten und alltäglichsten, am wenigsten geschätzten Pflichten dazu bestens geeignet.

Ich kenne sogar jemand, der Fließbandarbeit in ein Ritual verwandelte, das ihn in seiner Entwicklung entscheidend förderte. Für mich ein Held des Alltags, doch nicht uneingeschränkt empfehlenswert – jeder sollte seine eigene, verkraftbare Wahl treffen.

Den Alltag zu strukturieren und uns mit Hilfe von Ritualen inneren Halt zu geben, schenkt Geborgenheit. Besonders deutlich wird das bei Kindern, die sich damit spürbar beruhigen lassen. Den

Übergang in den Schlaf kann das allabendliche Ritual der Gutenachtgeschichte erleichtern. Tischgebet oder andere Besinnungsübungen, die das Kind etwa mittels Würfel selbst auswählen und vorbeten oder vortragen kann, sind passende Rituale, um eine Zäsur zwischen Spiel- und Essenszeit zu setzen. Selbst ein Mittagsschlaf ist mit Ritual-Umrahmung eher zu etablieren.

Auch am anderen Ende des Lebens, in der Demenzbehandlung und Versorgung alter Menschen, bieten Rituale große Hilfe und Stütze für beide Seiten, BegleiterInnen wie Betroffene. Ist der alte Mensch, statt zu Kindlichkeit und Innerem Kind zurückzufinden, ins Kindisch-Sein der Alzheimer-Demenz abgerutscht, werden verlässliche Rituale zur kaum zu überschätzenden Orientierungshilfe, fehlt doch den Betroffenen wenig so sehr wie Orientierung.

Bewusst vollzogene Rituale bringen regelbasierte Verlässlichkeit, also Ordnung ins Leben, weshalb sich das Leben in religiösen Orden tagein, tagaus um sie dreht. Bewusst gestaltete *Ordnung* wiederum bringt *Orientierung* ins Leben. Dafür sorgen seit je religiöse *Feste* als verlässlich wiederkehrende, gesteigerte Bewusstheit erheischende *Fest*punkte im Jahreslauf auch für Menschen ohne Anbindung an die Religion.

In seinem Schlüsselroman »Siddharta« erzählt Hermann Hesse von zwei Freunden, deren Lebenswege unterschiedlicher nicht sein könnten, aber zu ein und demselben Ziel führen: Erleuchtung, Erlösung, innere Befreiung – wie immer man es nennen will. Während Govinda ins Kloster geht, stellt Siddharta sich derselben Herausforderung, aber ohne »aus der Welt zu gehen«. Dennoch erreicht er das ersehnte Ziel eher als der Freund.

Dem Dichter zu unterstellen, es ginge ihm um einen wertenden Vergleich, um Zeitgewinn gar, wie in manchen aktuellen »Erleuchtungsangeboten« suggestiv empfohlen, ginge ganz und gar fehl. Vielmehr war es wohl sein Anliegen, den Weg in und durch die Welt als gleichwertig zu rehabilitieren, nachdem die Kirche das Kloster viele Jahrhunderte lang als exklusiven Ort nachhaltiger Einkehr in Gottes Gegenwart reklamiert hatte.

Siddharta und Govinda stehen im überzeitlichen Sinn beispielhaft für die beiden unterschiedlichen Lebenswege, die uns hier in ihrer zeitgemäßen Form beschäftigen: bewusstes Allein-Sein sowie bewusste Partnerschaft und Gemeinschaft. Sie sind nicht zu bewerten, der eine steht nicht über dem anderen. Denn stark und gesund pulsiert das Leben in beiden nur dann, wenn jede(r) Beteiligte(r) allererst glücklich mit sich selbst ist.

Glücklich mit mir selbst zu sein muss gar nicht mal alles sein im Leben. Ohne dieses heute so besondere Glück aber ist alles nichts. Auch weitere Stufen der Liebe zu erreichen, ist unmöglich.

Die innere und die äußere Reise

Die gefährlichste aller Weltanschauungen ist die der Leute,
welche die Welt nie angeschaut haben.

ALEXANDER VON HUMBOLDT

Oft schon wurde gesagt, und sehr zu Recht: Das Leben ist eine Reise. Ein geflügeltes Wort, vielbedeutend und alles andere als abgedroschen. Unsere allerältesten Vorfahren allerdings hätten wohl nur dazu genickt und sich gefragt, wie weit sie heute wohl laufen müssten, um Beeren, Früchte, Wurzeln und was immer sonst essbar war, zu finden. Oder war es schon an der Zeit, weiterzuziehen?

Offenbar ist es fast wieder so weit, mit dem ständigen Umherziehen und Hin-und-her-Pendeln. Sitzfleisch ist zwar nach wie vor gefragt, denn mangelnde Bewegung ist ja bekanntlich das neue Rauchen. Mobilität, möglichst unbeschränkt und rasant, im Sinne des *hire and fire* in der modernen Wirtschaft wäre so gesehen wohl die Regression in altvordere Überlebensinstinkte zugunsten von noch mehr Ertrag. Dann gute Reise, liebe Welt. Geschieht die Mobilität dagegen ganz bewusst im Sinne von Heraklits *panta rhei*, bietet sie große Chancen.

Doch es regt sich ja bereits etwas am Gegenpol, dem positiven in diesem Fall. Eine (nicht ganz neue) Erkenntnis ist schwer im Kommen: Das Leben ist auch eine *innere* Reise. Eine gefühlt ziemlich lange Reise, aber schneller als gedacht kehrt man endgültig und unwiderruflich heim.

Lebensgesetzlich bedingt, legt sich indes auch schon wieder der Schatten der Unbewusstheit darüber, sobald erwachendes Bewusstsein sich regt und die Reize einer beglückenden Erfahrungswelt abseits des eingefahrenen Weges sich ohne Scheu offenbaren. Der Trend läuft längst mit, um im Bilde zu bleiben.

Wie in vergleichbaren Fällen, begann es mit »ein paar Promis«: Sie machten sich auf den klassischen Pilgerweg der christlichen Welt, den *Camino Francés*, den spanischen Jakobsweg nach Santiago de Compostela, und gaben den Startschuss zu einem erstaunlichen Pilger-Boom. Da darf ich mich wohl glücklich schätzen, diesen Weg schon als noch recht junger Mensch gegangen, geradelt und streckenweise im Wohnmobil mitgefahren zu sein. Letzteres war noch ein (kleines) Glück, denn das mittelalterliche Herbergsnetz war noch weit davon entfernt, wieder reaktiviert zu werden. Damals war es noch sehr einsam auf dem *Camino*. Was mir nur recht sein konnte.

Mit sich allein zu sein wurde von einer Selbstverständlichkeit zur Beinahe-Unmöglichkeit, seit Shirley MacLaine sich auf diesen Weg machte, ihr später Paolo Coelho und dann noch Hape Kerkeling folgten. Im Heiligen Jahr 2010, mit dem Besuch von Papst Benedikt, überschritt die Zahl allein der registrierten Pilger erstmals die Viertelmillion, und unmittelbar vor dem Zusammenbruch der inzwischen perfekt ausgebauten touristischen Infrastruktur dank der Pandemie war diese Marke nur noch Jahresdurchschnitt.

Sowohl Shirley MacLaine als auch Paolo Coelho rechnen sich selbst zur spirituellen Ökumene unserer Tage. Bei Hape Kerkeling erweist nicht allein der Titel seines Bestsellers, »Ich bin dann mal *weg*«, dass er beim Wandern und Schreiben selbst zum *Weg* wurde. Inzwischen nach längerer Auszeit wieder auf anderer Strecke, ist ihm zu wünschen, dass seine innere Reise auch im Showbiz weitergeht.

Gerade beim Reisen werden die Vorteile des Single-Lebens, wie Unabhängigkeit und Selbstbestimmung, so sinnfällig wie die Konsequenzen. Ein Mensch, dem nicht jemand »automatisch« Gesellschaft leistet, muss selbst aktiv werden und offen nach Kontakt und Kommunikation suchen, wenn ihm die Decke auf den Kopf fällt. In meiner Zeit als Begleiter von Ärztereisen konnte ich beobachten, wie verlockend die gleichzeitig lockere und geschlossene Gesellschaft eines »Traumschiffs« auf Individualreisende wirken kann, um der Einsamkeit zu entkommen und sich den Wunschtraum von der Intensität des Verliebtseins zu erfüllen.

Offenbar waren viele Singles außerhalb der Gruppe erpicht auf Partnerschaft und nichts als Partnerschaft, sei es für einen einzigen Tag oder eine Nacht. Etwas unbedingt zu wollen ist in der Regel ein Konzept, das nur sehr bedingt aufgeht. Wer dann doch irgendwann allein ins Bett muss, ist sicherlich ent-täuscht und wird das nicht immer als Ende einer Täuschung und Aufforderung zur Selbst-Erinnerung begreifen. Da wäre der Schritt in die entgegengesetzte Richtung, aus der Einsamkeit ins bewusste Allein-Sein, doch vielversprechender.

Das legt *innere* Bewegung näher – gern auch auf Reisen. Sehr wohl gibt es attraktive Möglichkeiten für Menschen, die den Anspruch nicht aufgeben wollen, zu reisen als Chance für inneres Wachstum zu begreifen. In unserer überbevölkerten, hektischen Welt gilt es allerdings stets im Auge zu behalten, ob dabei auch Chancen für wirkliches, bewusstes Allein-Sein kreiert werden können.

Das Motto des Weltreisenden und Universalgelehrten Alexander von Humboldt, das dieses Kapitel einleitet, meint: Weltanschauung erwirbt am besten, wer sich die Welt *bewusst* anschaut. Meiner Erfahrung nach funktioniert das besonders gut allein. Wer mit Partner reist, wird auch auf ihn oder sie bezogen bleiben und entsprechend weniger auf die Menschen im bereisten Land zugehen.

Tatsächlich wagen inzwischen viele die große Reise ganz für sich allein, vor allem Frauen. Jawohl, *vor allem*, nicht *sogar auch*. Laut Umfrage der Zeitschrift *Brigitte* zeigt die Statistik: 64 Prozent der Frauen gehen auch allein auf Reisen, aber nur 23 Prozent der Männer. Laut Reisesuchmaschine Skyscanner sind acht von zehn Deutschen schon allein gereist.

Backpacker können ihrem Rücken seit eh und je nur ein Mindestmaß an Ausrüstung zumuten. In der Gesäßtasche ihrer Jeans steckt heute aber das Hochleistungshandy. Das ist gut für Unabhängigkeit und gefühlte Sicherheit, aber nicht gleichermaßen für Welt-Anschauung im Humboldtschen Sinn. Wer mit Rucksack und allein noch so reisen würde wie vor GPS-Zeiten, der wäre immer noch auf die Einheimischen angewiesen und lernte sie fragend, bittend und dank spontan sich ergebender Einladungen auch ungleich besser kennen.

Immerhin: Auch mit Google-Navi und Pilgerweg-App gehst du allein, wenn du willst. Du fährst allein per Anhalter mit, nimmst den Zug und die Fähre allein. Das heißt, du genießt die Gesellschaft deiner Gedanken ohne partnerschaftliche Ablenkung und wohlmeinende Einsprüche. Im Übrigen hindert dich nichts und niemand, dir auch die Gegenwart der Einheimischen zu gönnen. Du musst es allerdings wollen und wirst nicht mehr schon durch die Umstände dazu gebracht. Und wenn du dir genügend Zeit nimmst, wirst du vielleicht sogar ein wenig heimisch bei ihnen, lernst etwas von ihrer Sprache und *fühlst dich ein*.

Indien etwa habe ich mehrere Male mit Rucksack bereist und viele Inder näher kennengelernt. Ich habe in Ashrams Licht- und in Slums Schattenseiten des Subkontinents erlebt – überall aber bin ich den Menschen und oft mir selbst begegnet. Am intensivsten immer allein, in Kerala, Kashmir, Mumbai oder Delhi. Aus Rajasthan, wo ich mich einer Gruppe angeschlossen hatte, erinnere ich dagegen nur Maharaja-Paläste. Die hätte ich einfacher und viel bequemer auch in einem Video von *National Geographic* sehen können. Wirklich wichtige Bilder bleiben uns eher im Herzen als im Hirn!

Die prinzipiellen Vorteile des Alleinreisens wurden mir durch ein Erlebnis auf dem Gegenpol drastisch vor Augen geführt. Heute kann ich drüber schmunzeln, damals hat es mich genervt. Thorwald Dethlefsen, mit dem ich zwölf Jahre zusammenarbeitete, Kurse gab und *Krankheit als Weg* schrieb, wollte Indien kennenlernen. Er war aber für meine Vorschläge nicht zu gewinnen. Alles dauerte ihm zu lang, erschien zu primitiv und zu umständlich. So trafen wir uns nach einer meiner Rucksacktouren in Delhi zur Gruppenreise

»Ganz Indien in drei Wochen«, organisiert von einem Luxusreise-Unternehmen. Nur in besten Hotels, mit kleinen Fliegern und in Taxis waren wir zu zwölft unterwegs: lauter Bildungsbürger mit exzellent vorbereitetem Reiseleiter – ohne jeglichen spirituellen Anspruch, aber mit umso mehr Angst vor hygienischen Risiken.

Besonders eindringlich wurde davor gewarnt, auf der Straße Saft oder Obst zu genießen, und empfohlen, sogar in Fünfsternehotels die Zähne lieber mit Mineral- als mit Leitungswasser zu putzen. Als ausnahmsweise kein Flaschenwasser zur Verfügung stand, zog ein besonders ängstliches Ehepaar es tatsächlich vor, die notwendige Mundpflege mit der Süßstoffbombe *Diet Coke* (heute »Cola Light«) vorzunehmen. Natürlich wurde auch dringend davor gewarnt, abends allein spazieren zu gehen. Indische Städte seien dann voller Taschendiebe und übergriffiger Einheimischer. Mein – aus Erfahrung gewonnener – Rat, Diebstählen durch Zurücklassen sämtlicher Wertsachen im Hotel vorzubeugen, wurde missbilligend ignoriert.

Genehmigten Thorwald und ich uns trotzdem einen Bananen- oder Mangosaft oder ließen wir uns gar eine Kokosnuss öffnen, waren wir des demonstrativen Mitgefühls unserer Mitreisenden sicher. Mein Hinweis, das Innere einer Kokosnuss sei sauber genug, um es in die Venen zu infundieren, erntete nur Unglauben und erneute Missbilligung. Man sah ihnen an, sie hätten zu gern auch eine Kokosnuss genossen, aber sie trauten sich nicht.

Um ganz Indien in drei Wochen zu »schaffen«, absolvierten wir ein überaus anstrengendes Programm mit zwanzig und mehr Tempeln und Klöstern pro Tag. Wir schafften natürlich nicht Indien, sondern das Programm uns. Alle plädierten flehentlich für Kürzung, bis auf ein deutsches Lehrer-Ehepaar, und damit war klar: Auf Einhaltung aller Punkte des Prospektes musste bestanden werden. Inzwischen hatten die meisten, allen Vorsichtsmaßnahmen zum Trotze, Durchfall. Nicht eben angenehm, in den kleinen Fliegern ohne Toilette, und erst in den Taxis! Die indischen papier- und hygienefreien Toiletten wurden unterwegs nun zur hauptsächlichen Attraktion und Herausforderung. Einige fragten häufig – wie kleine Kinder –, wann wir denn »endlich da« seien. Sie meinten vor allem die fünfsternige Hotel-Toilette. Dass ich selbst, der »unvorsichtige Arzt«, überhaupt nicht von solchen Kalamitäten betroffen war, machte mich nicht unbedingt beliebter.

Indien lernten wir so natürlich kaum kennen, Inder schon gar nicht. Die kamen uns höchstens als livrierte Bedienung in Sheraton oder Hilton Hotels näher. Selbst den Sehenswürdigkeiten kamen wir nicht nahe, da immer jemand fotografieren wollte und niemanden im Bild duldete. Zeit, zu verweilen und den Ort zu spüren, hatten wir nicht, mussten wir doch weiter und nur rasch zurück in die vollklimatisierten Transportmittel, was obendrein einige Erkältungen förderte.

Wieder heil heimgekehrt, räumte Thorwald seufzend ein, das Schönste seien doch unsere »illegalen« abendlichen und nächtlichen Ausflüge ins »richtige« Indien gewesen. Er nahm trotzdem Einladungen zu beeindruckend schlechten Dia-Vorträgen und noch schlechter bearbeiteten Schmalfilm-Zusammenschnitten an, wie er mir später noch berichtete. Er selbst war ein begnadeter Fotograf, der unter diesen Präsentationen furchtbar litt.

Ich selbst hatte wenig Sehnsucht nach den Mitgliedern der Reise verspürt, aus denen nie eine wirkliche Gruppe wurde. Sie hatten mich als ständige Gefahrenquelle und ich sie als Angsthasen erlebt, und so war es wenigstens im Nachhinein eine Win-win-Situation, mich ihnen und sie mir zu ersparen. Wir hatten viel gesehen, aber wenig erlebt. Immerhin durfte ich miterleben, wie wahr es ist, dass Angst zu »Schiss« führt.

Allein zu reisen hat unbestreitbare Vorteile im Hinblick auf bewusstes Erleben.

Ganz selbstverständlich reden wir dann weniger, und schweigend öffnen sich unsere Sinne. Die Gedanken schwingen in Resonanz mit dem, was wir erleben. Wir behalten sie vorläufig für uns, lassen sie wirken und werden mit einer meditativen Erfahrung beschenkt. Beherzigen sollte das besonders, wer Reisen in ferne Ashrams wagt. Die unternahm ich prinzipiell allein – mit einer einzigen Ausnahme. Da hatte eine Partnerin darauf bestanden mitzureisen, und statt zu schweigen, wie vom Ashram angeregt, redete sie. Selten ist mir so klar geworden, wie sehr Reden bestenfalls Silber ist und Schweigen tatsächlich Gold. Eine Erkenntnis, die im Übrigen keinen Langstreckenflug mehr nötig macht, sondern die man heute auch vor der eigenen Haustür gewinnen kann.

Während unserer Selbsterfahrungswoche *Fasten – Schweigen – Meditieren* beobachte ich es immer wieder: Paare, die im Doppelzimmer teilnehmen, stehen vor einer besonderen Herausforderung. Fast immer brechen sie das Schweigen, und da das Ganze mehr ist als die Summe seiner Teile, fehlt ihnen nicht nur ein Drittel, sondern wohl mehr als die Hälfte einer vertieften Erfahrung. So rate ich jeweils, das Ganze im Einzelzimmer zu wiederholen – und siehe da, es entfaltet auch bei ihnen seine volle Wirkung.

Andererseits ist aber auch zu berichten, wie Paare – nachdem vorher jeder für sich wirkliches Allein-Sein erfahren hatte – es auch zu zweit im Doppelzimmer schafften, indem sie gemeinsam schwiegen und tief berührt waren von dieser Erfahrung, die sie noch einen Schritt weiter führte und ihre Beziehung bereicherte. Womit erneut erwiesen wäre, worauf es bei der inneren Reise ankommt: einzig und allein aufs *bewusste* Allein-Sein – der Rest ist eine Sache der gewählten Form.

Glück ist ein flüchtiges Gut, und es tritt umso leichter die Flucht an, wenn jemand zu seinem Glück auch nur bewogen, geschweige denn gezwungen werden soll. Insofern ist das soeben gewählte Beispiel eher eines aus einem sorgfältig gestalteten Erfahrungsraum und nicht zur Nachahmung im gewöhnlichen Urlaub gedacht! Als Allein-Reisende in einer fremden Lebenswelt tun wir uns leichter damit, uns auf etwas einzulassen, was erst im Nachhinein seinen wahren inneren Wert erkennen lässt.

Ein befreundetes Pärchen aus Bombay lud mich zu einer »Überraschungs-Reise« ein. Überraschend schon der Hinweg: ein viertägiger Trip nach Kaschmir und dann die Berge hinauf, erst mit Mulis und dann zu Fuß. Schließlich wurden die Frau und ich von ihm mit verbundenen Augen auf steilem Pfad weiter in die Höhe geführt, was schon während des unsicheren Gefühls dabei die gespannte Erwartung ungemein steigerte. Endlich nahm er uns die Augenbinde ab, und in die pralle Sonne blinzelnd fand man sich – wo war jetzt die Überraschung?!? – vor einem Altschneefeld wieder. Ganz aus dem Häuschen allerdings war seine Frau, sah sie doch das erste Mal im Leben Schnee. Sie ertastete ihn, ließ ihn in ihren Händen schmelzen, erntete staunend Wasser und kostete mit großen Augen die angeschmutzte kühle weiße Köstlichkeit. Für mich war die Überraschung eher gewöhnungsbedürftig, immerhin gab es viel zu lachen. Begeistert machte ich bei der ersten Schneeballschlacht im Leben der Freunde mit, und irgendwie war es so auch für mich ein neues Gefühl. Beim Abstieg aber fragte ich mich: Warum eigentlich bist du nicht in der Lage, jeden Augenblick wie beim ersten Mal zu erleben und zu genießen?

So beschäftigte ich mich in Gedanken, ganz für mich allein, intensiv mit der Symbolik dieser Reise und meiner Lebens-Reise als Ganzes. Hätte ich gewusst, was mich in Gestalt der pharmahörigen, so gut wie empathiefreien Schulmedizin im Klinikalltag erwartete, hätte ich das lange Studium wohl kaum auf mich genommen – ebenso wenig, wie ich für ein Altschnee-Feld keine einwöchige Reise unternommen hätte.

Die übergreifende Frage beim Reisen überhaupt ist doch: Was will ich? Ausuferndes Buchwissen und schöne Bilder, die ich auch Bildbänden und Filmen entnehmen könnte? Oder Impressionen ins Bilderalbum meiner Seele sammeln, die in Seelen-Bilder-Welten weiterleben und die ich *erinnern* und in Gedanken wiedererleben kann?

Wacher und aufmerksamer bin ich viel leichter, wenn ich allein auf Reisen bin – aber nur, wenn ich mich nicht für einen All-inclusive-Urlaub entscheide. Wer alles selbst zu organisieren hat, muss und darf sich immer selbst entscheiden, weil er auch die ganze Verantwortung hat. Das ergibt eine ausgesprochen gute Schule des Projektions-Verzichts. Es ist einfach niemand da, auf den ich Verantwortung abwälzen und die »Schuld« für Probleme abschieben könnte. Auch sind sämtliche Probleme selbständig und kreativ zu lösen: ein ausgezeichnetes Problemlösungs-Training.

Tatsächlich hatte die dreiwöchige Reise mit Thorwald mehr als dreimal so viel gekostet wie die drei Monate davor mit mir allein und viel mehr Erlebnissen. Sich ein Land allein zu *erreisen,* ist unvergleichlich bereichernder als zu zweit oder zu mehreren, in welcher Beziehung auch immer. Eine Hochzeitsreise im hochverliebten Zustand der hormonellen Großhirn-Belebung ist natürlich eine

Ausnahme, allerdings mit ganz anderen Wünschen und Ansprüchen. Da wollen wir statt das Land den Partner beziehungsweise die Partnerin erleben.

Hinzu kommt, dass wir zu zweit auch für zwei denken und sorgen und uns manches und vielleicht sogar vieles ersparen. Was ich an Staub und Dreck in Indien erfahren habe, hätte ich keiner Partnerin zumuten wollen. Aber dann hätte ich auch nicht erlebt, beim ersten Mal aus Indien heimgekehrt, wie es sich anfühlt, – völlig staubfrei – mitten in einer üppig grünen bayrischen Wiese ausgestreckt, die Frische eines sauberen kühlen Regengusses auf der Haut und die Lebendigkeit im von reichlich Wasser genährten großen Grün zu erleben.

Zudem sind wir als Paar viel vorsichtiger als allein. Für mich allein habe ich mir gern – ohne den notwendigen Führerschein – ein Motorrad geliehen und mich über indische Landstraßen treiben lassen, den Fahrtwind im Gesicht genießend. Das hätte ich mich zu zweit nie getraut. Auch manch spannenden Segelausflug hätte ich nicht zu zweit gewagt. Vielleicht sind (Wind-)Surfen, Skifahren und Reiten auch deshalb so besonders, bist du doch allein auf dich gestellt, musst allein und oft blitzschnell entscheiden und natürlich das Ergebnis auch allein verantworten, wobei beim Reiten ja noch Partnerschaft und enge Verbundenheit mit dem Pferd hinzukommen. Und manchmal wagst du dann viel und erlebst Unvergessliches, das du schon zu zweit nicht mehr hättest verantworten mögen.

Beim freien Klettern musst du in jedem Moment neu entscheiden und so bewusst, dass du den nächsten Augenblick überlebst. Das aber geht eben nur allein und ist wohl der Grund, der *free climbing* so populär gemacht hat. Insofern ist es ein höchst spirituelles Exerzitium, das dich – wie kaum ein anderes – wach hält und in den Augenblick des Hier und Jetzt bringt und zwingt.

Fragen und Gedanken zum Allein-Reisen

1. Warst du schon einmal allein auf Reisen?
2. War es Mut, der dich auf den Weg brachte, oder Angst, die dich bisher davon abhielt?
3. Der erste Schritt zu einer Reise allein wird dir zeigen: Du bist nicht allein, sondern immer mit dir.
4. Wenn es ein Sprung über den eigenen Schatten ist, desto besser. Du kannst ihn dabei kennenlernen – auf gute Art mit vielen positiven Nebeneffekten.

5. Eine Reise mit dir allein kann dir deine Schwächen und Stärken zeigen. Die Schwächen wirst du unterwegs zunehmend überwinden und die Stärken genießen und ausbauen.
6. Die erste Reise allein kostet Überwindung, aber du wirst bald spüren, wie gut es tut, dich zu überwinden und herausfordern und fördern zu lassen.

Wie es angehen, allein zu reisen?

1. Fang klein an: vielleicht mit kurzen Reisen im eigenen Land. Sie haben den Vorteil, dass keine Sprachprobleme hinzukommen. Auch Städtereisen sind Reisen.
2. Warum nicht mit Zielen beginnen, wo viele alleine hingehen oder -fahren? Musik-Festivals, Konzerte, Opern in der Ferne. Und auch da einfach beginnen. In die Arena von Verona zieht es viele einzelne Opernfans, und unter Italienern fühlt man sich seltener einsam.
3. Oder es zu Fuß mit einer Wanderung auf einem viel genutzten Wanderweg deiner Umgebung angehen.
4. Vielleicht mit ganz kleinen Vorübungen beginnen und einfach bewusst allein in einen Park gehen, dem dortigen Treiben zusehen und den Tag mit dir allein verbringen.
5. Oder sich allein in ein noch unbekanntes Café oder Restaurant deiner Stadt wagen und die Zeit bewusst genießen,

etwa den Passanten zuschauen und sonst nichts tun müssen, ein spannendes oder Lieblings-Buch lesen und ge-
nüsslich deinen Lieblings-Kaffee schlürfen und bewusst
beobachten, wie das Coffein in deinem System ankommt
und es beeinflusst.

6. Unangenehme Empfindungen einfach zulassen und beobachten, wie sie sich im Körper anfühlen und wo sie sich
breitmachen, etwa das Gefühl, sich »wie bestellt und nicht
abgeholt« oder versetzt zu fühlen.

7. Erst wenn du anfängst, es zu genießen, wage dich weiter
und länger weg, gehe Schritt für Schritt voran. Fange mit
einem Tagesausflug an, steigere dich auf ein Wochenende,
verlängere es und reise dann erst für länger weiter weg.

8. Außerdem kannst du ja auch Reisen und Allein-für-dich-
Bleiben vorerst trennen und eine Gruppenreise wählen. Da
bist du jedenfalls auf Reisen, die Organisation ist dir abge-
nommen, und wenn du willst, triffst du andere Menschen
in ähnlicher Situation, bist aber, wenn du dich dazu ent-
scheidest, doch für dich allein.

9. Versuche verschiedene Reise-Arten und wähle dir deine
Lieblingsvariante. Du kannst natürlich auch auf verschiedene Arten reisen, mal allein und mal in der Gruppe und
da vielleicht einen Partner finden und dann auch mal zu
zweit.

Unsere Lebensreise ist eine innere Reise

An den Scheidewegen des Lebens stehen keine Wegweiser.
CHARLIE CHAPLIN

Auf unserer Lebensreise sind wir an entscheidenden Punkten immer allein und auf uns selbst gestellt. Wenn sich innere und äußere Welt begegnen, kommen wir uns selbst näher, und damit letztlich immer auch unseren Mitmenschen. Wir erleben zutiefst, dass wir auf *einer* Erde leben und diese Welt miteinander teilen.

Das Leben ist aber nicht nur eine lange Reise, sondern auch ein großes Spiel: *Lila,* das kosmische Spiel, wie die Inder es nennen. Ein »Glücksspiel« wie Roulette ist es aber keineswegs, denn »Gott würfelt nicht«. Darauf bestand Einstein, obwohl die Quantenphysik das Gegenteil zu belegen schien. Lebensgesetze bestimmen grundsätzlich darüber, wohin die Reise geht. Aber *entscheidend* bestimmen wir mit. Der Einsatz kann sehr verschieden sein. Nur wer wagt, kann auch gewinnen. Ausgerechnet an den entscheidenden Punkten auf unserer Reise sind wir allein. So will es das Leben.

Immer wieder werden wir vor knifflige Situationen gestellt, gelangen an den einen oder anderen Tiefpunkt. Wer dann nur nach »Wegweisern« Ausschau hält und sich auf andere Menschen verlassen will, verlässt sich selbst. Das griechische Wort crisis bedeutet neben »Krise« auch »Entscheidung«. Die richtige Entscheidung ist eine konstruktiv-erlöste Krise. Keine Entscheidung zu treffen führt in destruktiv-unerlöste Krise, schon wegen der dann unvermeidlichen Stagnation.

Der Ausstieg aus der im Rahmen der Schulmedizin bereits vorgezeichneten Karriere war für mich so eine Wagnis-Entscheidung. Im Nest der Ärzteschaft hackt eine Krähe der anderen kein Auge aus. Wer aber das Nest verlässt und gegen den Strom schwimmt, gegen den werden die Schnäbel gewetzt, vor allem, wenn er von seiner einsamen Position aus auch noch Recht behalten sollte. Gegen Seitenhiebe aus dem sicheren Nest heraus gibt es dann kaum Schutz.

Es war meine einsame Entscheidung, wie man so sagt, aber in Wirklichkeit war ich nicht einsam, sondern habe meine Wahl allein und für mich selbst getroffen, und sehr bewusst. Allen Widerständen und Warnungen meiner Umgebung zum Trotz. Ich habe es nie bereut. Hätte ich auf all die Bedenkenträger gehört, wäre ich heute wahrscheinlich pensionierter Chefarzt oder Professor oder beides und auch schon *fertig*.

Ein Zurück wäre äußerst schwierig geworden. Aber das gab es für mich gar nicht. Und das Wagnis lohnte sich! Sofort für meine Seele und langfristig auch zum Wohle nicht nur der Gesundheit meiner PatientInnen, sondern auch der meinen.

ZWEITER TEIL

Partnerschaft und bewusstes Allein-Sein – zwei Wege, ein Ziel

Die Liebe kennt vielerlei Art

Liebe ist nur ein Wort, aber du selbst definierst es.

EMINEM

Die Wege der Liebe sind unergründlich, heißt es immer wieder. Da mag man doch gleich an den Zündfunken denken, der auf geheimnisvolle Weise für jenen zauberhaften Anfang sorgt, der zwei Menschen unwiderstehlich zusammenbringt. Liebe, in ihrem wahrsten und reinsten Sinn, ist aber mehr. Liebe kennt vielerlei Art. Doch nimmt sie ihren Weg immer in uns selbst, vom Anfang bis zum Ziel.

Indem ich mich mit mir selbst auseinandersetze, komme ich mir selbst näher, lerne mich selbst anzunehmen und zu lieben. Danach kann ich an meinen Nächsten weiter üben. Wenn ich auch danach immer noch weitergehe und mich in Schattenbereiche wage, komme ich der Feindesliebe und damit auch wieder meinem eigenen Selbst näher. Wie sagte C. G. Jung: Selbst(verwirklichung) = Ich + Schatten. Ego ist alles, womit ich mich identifiziere, Schatten alles, was ich an mir ablehne. Letzteres kann ich nach innen projizieren, dann entstehen Krankheitsbilder. Oder nach außen, dann ergeben sich Probleme und Feinde.

Das ist auch der von Christus empfohlene Weg, den er durch zwei Meta-Sätze ausdrückt:

»Liebe deinen Nächsten wie dich selbst!«

»Liebet eure Feinde!«

Also zuerst sich selbst lieben und annehmen, und das heißt: mit sich in Resonanz gehen, mit allen Haken und Ösen, also inklusive Schattenanteilen wie Symptomen und Krankheitsbildern.

Sind Partner in Resonanz, nennen wir das Liebe. Am deutlichsten wird es, wenn sie auf körperlichen Ebenen miteinander schwingen und schließlich gemeinsam in die Einheits-Erfahrung eines Orgasmus eintauchen. Kommen wir mit uns selbst in Resonanz, bezeichnen wir es eher als Kohärenz, was vom lateinischen Verb für »zusammenhängen« kommt und für die Empfindung steht, in Harmonie mit allen eigenen Anteilen stimmig und mit geringem Energieverbrauch zu schwingen. Haben wir uns selbst in allen Licht- und Schattenseiten angenommen und erleben uns als kohärent, können wir uns lieben und sind reif, auch unsere Nächsten mit ihren Licht- und Schattenseiten zu lieben. Erst wenn das gelungen ist, können wir auch unsere Feinde lieben, auf die wir alles projiziert haben, was wir an uns selbst nicht ausstehen können. Selbst-Verwirklichung erfordert all diese Schritte.

Den ersten Schritt, die Selbstliebe, können wir nur allein schaffen, den zweiten der Nächstenliebe gemeinsam mit allen anderen. Für den dritten, die Feindesliebe und Zurücknahme aller Projektionen, sind wir tatsächlich auf unsere Feinde und Widersacher angewiesen. Da sie sich dafür hergeben, könnten wir ihnen wirklich auch dankbar dafür sein.

Nehmen wir die drei Arten von Liebe, wie sie die griechische Antike kennt: Eros, die erotische Liebe, Philia, die Freundschaftsliebe, und Agape, die Gottesliebe. Wir können sie alle drei sowohl in einer festen Partnerschaft als auch allein verwirklichen. Eros, im Sinne von Selbstbefriedigung, ist sicher nicht so ideal wie in einer erfüllenden partnerschaftlichen Liebe. Über Orgasmen ist dort sogar ein Geschmack und Gefühl von göttlicher Einheit spürbar.

Philia, die Freudschaftsliebe zu einer besten Freundin, einem besten Freund, als Übung der Nächstenliebe, ist ohne feste Beziehung deutlich leichter zu leben. Besonders wenn die beste Freundin oder der beste Freund vom anderen Geschlecht sind, löst das in vielen Paarbeziehungen schon Eifersuchtsgefühle aus. Außerdem nehmen sich Alleinstehende meist viel mehr Zeit für Freundschaften.

Agape, die Gottesliebe, ist – so gut wie alle Traditionen zeigen das – im Alleingang eher zu verwirklichen, weil bei denjenigen, die ihr Leben ganz diesem Ziel widmen, viele Ablenkungen fehlen.

Im praktischen Leben lassen sich alle drei Stufen parallel erleben. Wir können wundervolle erotische Erlebnisse in unserer Beziehung erfahren, während wir eine(n) beste(n) Freund(in) als Lebensbegleiter(in) im übertragenen Sinn an unserer Seite wissen und unsere spirituelle Erfahrung stets im Auge behalten.

Wenn wir allein leben, scheinen sich die Verhältnisse zugunsten der Möglichkeiten spiritueller Verwirklichung zu verschieben. Das ist jedoch auch gesellschaftlich bedingt. In einer offenen, toleranten Gesellschaft gleichen sie sich wieder an.

Wertschätzung und Anerkennung

Sei eine erstklassige Ausgabe deiner selbst,
keine zweitklassige von jemand anderem.
JUDY GARLAND

Wert-Schätzung ist Voraussetzung für alle Formen der Liebe und Liebe ist die höchste Form der (Selbst-)Wert-Schätzung. Diese ist nach Reinhard Haller eine entscheidende Durchgangsstufe, ein Dreh- und Angelpunkt der Entwicklung zur Liebe, um die sich doch letztlich alles in unserem Leben dreht, ob allein, zu zweit oder mit vielen. Der Vorarlberger Psychotherapeut und Psychiater sieht die Liebe m oberen Bereich seiner Pyramide der Wertschätzung. Die beginnt mit Aufmerksamkeit, auf die Achtsamkeit folgt, aus der Respekt und Achtung erwachsen, schließlich Anerkennung und dann Wert-Schätzung. Darüber kommen als höchste Stufen nur noch Vertrauen und Liebe.

In Bezug auf die Liebe beginnt somit alles bei der Selbstliebe. Wie auch der erste christliche Meta-Satz bei genauerer Betrachtung erweist. Folglich haben wir all diese Stufen idealerweise auch zuerst einmal auf uns selbst zu beziehen. Besser: Wir *dürfen* uns selbst Aufmerksamkeit und Beachtung schenken. Nur wer sich selbst genug Achtung und Respekt entgegenbringt, hat auch für andere noch ausreichend übrig. Daraus folgt Selbst-Wert-Schätzung als zentraler Punkt. Nur wer sich selbst wirklich schätzt, dem wird das auch bei anderen möglich. Es geht für dich also darum, dir deinen Wert zuzugestehen und ihn, wie das Wort schon so schön deutlich zeigt, als »Schatz« zu begreifen – deinen größten! Aus Selbst-Wert-Schätzung kann sich wiederum Selbst-Vertrauen ergeben, das idealerweise in Einheits-Erfahrungen des Anfangs während der ozeanischen Empfindungen im Mutterleib gegründet ist und spätere Einheits-Erlebnisse ermöglicht. Schließlich erwächst aus alldem Liebe.

Mit deiner Aufmerksamkeit für dich selbst wächst natürlich auch die Möglichkeit, andere darin einzuschließen. Und somit deine Achtsamkeit für alle und alles. Achtung vor dir selbst, Respekt für deinen Körper, deine Seele und deinen Geist erhöht auch deinen Respekt vor der gesamten Schöpfung. Je mehr du dich selbst in deinem ganzen Sein (an-)erkennst, desto leichter wird dir das auch sonst fallen und desto besser gelingen.

Mit steigendem Selbst-Vertrauen steigt auch dein Vertrauen in andere Menschen und das Leben. Sobald du dich deiner Begabungen besinnst, die dir erteilten Gaben erkennst und sie freizügig hingibst, kannst du alles Mögliche delegieren und wirst staunen, was andere alles können.

Selbstständigkeit und Selbstbestimmung

Das Problem dieser Welt ist, dass die intelligenten Menschen
so voller Selbstzweifel
und die Dummen so voller Selbstvertrauen sind.
CHARLES BUKOWSKI

Gibt es einen höheren Wert, als selbst über sein Leben bestimmen zu können? Selbst-Bestimmung aber setzt Selbst-Ständigkeit voraus. Wer allein gehen und stehen kann, ist selbstverständlich selbstständig. Davon profitieren alle. Warum aber wird Selbstständigkeit dann so wenig gefördert, ja in ihrer Entwicklung zunehmend behindert?

Dazu ein Alltagsbeispiel: Heute werden fast alle Kinder zur Schule gebracht.

Würden wir die Kinder frühzeitig an Selbstständigkeit gewöhnen, würden wir ihr und unser Leben auch spürbar erleichtern. Schon wenn sie möglichst bald lernen könnten, auch allein unterwegs zu sein, stärkte das ihr Selbstbewusstsein.

Eigentlich ist es ein Trauerspiel und sagt viel über unsere Gesellschaft aus, dass es heute schier undenkbar wäre, einem Kind ein Schild mit Adresse um den Hals zu hängen und es mit einer Fahrkarte in eigener Verwahrung in den Zug zu setzen. Genau so bin ich noch selbst nach stundenlanger Fahrt, und stets sicher und wohlbehalten, an der Nordsee angekommen, um die Ferien bei meinen Großeltern zu verbringen. Es war nicht einmal als Vorübung in Sachen Selbstständigkeit gedacht – es war einfach selbstverständlich und machte mich stolz, allein reisen zu können. Ich durfte erleben, wie gern mir so manche mütterliche Frau weiterhalf und wie manch freundlicher Mensch mich noch zusätzlich zu meinem mitgebrachten Proviant liebevoll verpflegte. Obwohl ganz allein unterwegs, fühlte ich mich nie allein und verlassen, schon gar nicht einsam. Diese Erfahrung hat meine Selbstständigkeit gefördert und mir ein Stück Angst von der Seele genommen, denn es hat mir gezeigt: Andere Menschen sind hilfsbereit und gut, Frauen noch mehr als Männer. Und wenn du fragst, bekommst du Antwort.

Hilfsbereitschaft liegt im Wesen unserer Art. Freundlichkeit war, wie wir gesehen haben, in unser aller Anfang nachgerade ein Evolutionsvorteil. Ich mag mich nicht der verbreiteten Meinung anschließen, dass wir sie als Fähigkeit verloren hätten. Ganz bestimmt hat sich die Welt geändert. Kinder, auf sich allein gestellt und in fremder Umgebung, sind anderen Einflüssen ausgesetzt als wir damals. Warum aber trauen wir ihnen nur so wenig zu? Ihr Selbstvertrauen ist ein Schatz. Und im Anfang liegt alles.

Trennung als Chance

Die Liebe stirbt niemals an Hunger,
wohl aber an Übersättigung
NINON DE L'ENCLOS

Wer lange Zeit in einer Beziehung war, muss sich nach einer Trennung erst wieder daran gewöhnen, allein zu sein und zu gehen. »Gehst du mit mir?«, fragt der Junge sein Traum-Mädchen. Und jetzt geht man eben allein durchs Leben. Auch wer selbst weggeht, um seinen eigenen Weg zu gehen, landet augenblicklich in einer Orientierungsphase. Die wird zur Selbstfindungsphase, sobald eine neue, überraschende Vielfalt der Möglichkeiten entdeckt wird, beruhend auf dem Privileg der Solisten in der Kunst des Lebens: sich frei und unabhängig zu entscheiden, was sie tun und nicht zuletzt auch lassen möchten. Je nach Ausgangsposition und innerer Disposition wird es kürzer oder länger dauern, bis diese Stufe erreicht ist.

Mit der Zeit und mit einkehrender Muße wird man sich Fragen stellen wie: Was möchte ich wirklich? Was habe ich in der Beziehungszeit verdrängt und könnte es jetzt wieder hervorholen, weil es mir doch wichtig war? Das macht jede Trennung zur Chance, im eigenen Leben aufzuräumen, Ballast über Bord zu werfen, um Platz für Neues zu schaffen und sich insgesamt zu erneuern. Der Alltagstrott in der Partnerschaft ist passé. Es gilt, die Abbruch-Stimmung des Beziehungsendes zu überwinden und den Aufbruch in eine andere Zukunft zu wagen.

Besonders hart wird diese Phase für Männer, die sich plötzlich auf sich allein gestellt wiederfinden, weil ihre Partnerin einen neuen Partner gefunden hat oder schlicht und ergreifend genug von ihm hatte beziehungsweise nicht genug bekam. Muss er noch ein ruiniertes Familienleben weiterfinanzieren und wird es dabei ffinanziell eng, wird das neue Leben schwer erträglich. In die Einsamkeit mischen sich in Hoffnungs- und Perspektivlosigkeit dann leicht Trauer und Wut.

Für Männer ist die Verarbeitung einer Trennung im Allgemeinen schwieriger als für Frauen, wie einschlägige Studien belegen. Und sie leiden nicht nur tiefer und länger darunter, sondern trauen sich auch oft nicht, es zuzugeben – manchmal sogar nicht einmal sich selbst gegenüber. Allerdings kann aus der Verzweiflung auch ein Befreiungsschlag erfolgen. Einem meiner Patienten gelang das auf erstaunliche Weise. Seine Frau und Mutter der gemeinsamen Kinder hatte schon länger einen Geliebten gehabt, was er erst spät bemerkte. Als er sie zur Rede stellte, kam es zum Eklat. Er ließ sich von ihr mehr oder weniger hinauswerfen und wenig später zog der Liebhaber ein. Als er daraufhin vor Wut und Eifersucht den Kindesunterhalt verweigerte, wurde er gerichtlich dazu gezwungen.

In der Therapie führte ich ihn durch Wut und Eifersucht hindurch tief in Trance und regte ihn an, sich seiner Träume zu erinnern. Mit verblüffendem Ergebnis, zu unser beider Erstaunen: Er tauschte das ungeliebte Großraumbüro, wo er als einer unter zahlreichen Programmierern nur widerwillig gearbeitet hatte, mit den Stränden Hawaiis! Ein leidenschaftlicher Windsurfer war er schon, nun ging er dort wellensurfen. Die Lust auf Hawaii war größer und die Rache an seiner Frau wohl süßer als die Sorge um die beiden gemeinsamen Kinder. Zu meiner Erleichterung – schließlich hatte ich den radikalen Cut ausgelöst – kam er wie runderneuert zurück und vermochte wieder Verantwortung für die Kinder zu übernehmen. Seine Frau hatte ihrem Lover inzwischen wieder den Laufpass gegeben und schwierige Zeiten durchlebt. Als Eltern fanden beide wieder zusammen. Nicht jedoch als Paar; das scheiterte an ihm, der seine Freiheit und ein neues Leben geschmeckt und für besser befunden hatte, *weil es sein eigenes Leben war.*

Warum aber fallen verlassene Männer leichter und öfter in die Depression als Frauen? Warum tun sie sich so schwer damit? Sigmund Freud wusste bereits eine Erklärung: Mädchen fallen mit etwa sechs bis sieben Jahren aus der Symbiose mit der Mutter, wollen ihren Papa heiraten und erleben Mama als Konkurrentin um seine Gunst. Jungen hingegen bleiben zunächst weiter in der Symbiose und wechseln später oft direkt von der Mama zur eigenen Frau. Diese seelische Dynamik kann sich auch anders bemerkbar machen, wenn nämlich Frauen, nachdem sie Mutter wurden, ihren Mann als weiteres Kind zu behandeln scheinen. Wenn er, und dann noch unbewusst, in diese Rolle regrediert und sie als Mutter missversteht, verstärken sich die unbewussten seelischen Dispositionen gegenseitig.

Wenn Männer dann mit 40 vielleicht das erste Mal überhaupt aus der unbewussten Einheit mit der Mutter fallen, sind sie schnell und im Wortsinn *Fassungs*-los und *Mutterseelen*-allein. Tiefenpsychologisch gesehen ist Letzteres die problematischste Form der Einsamkeit. Nun wäre es hilfreich, wenn er sich schon vorher Erfahrungen mit Alleinsein gegönnt oder auch zuge*mut*et hätte.

Fragen und Überlegungen:

A) Vor einer (möglichen) Trennung

1. Ist das überhaupt noch mein Umfeld, in dem ich lebe(n will)?
2. Oder ist das jetzt die Chance, in (m)eine mir (noch) mehr entsprechende Umgebung zu wechseln?
3. Wie weit habe ich mich lenken lassen von den Wünschen und Bedürfnissen meines Partners und von Dingen, die um ihn herum geschahen und Einfluss auf mein Leben gewannen?
4. Habe ich vielleicht schon gar nicht mehr richtig bemerkt, wie sehr ich mich in meinen Entscheidungen beeinflussen ließ und unbewusst gar nicht mehr unabhängig entscheiden konnte?
5. Wenn das gewohnte Umfeld nicht mehr da sein wird wie jetzt, was kann ich daraus Neues lernen?

B) Nach einer Trennung

1. Überwiegt jetzt die Trauer? Dann ist es am besten, erst ein-

mal zu trauern und den Verlust zu konfrontieren, aber ohne darin zu schwelgen und hängenzubleiben.

2. Was habe ich stattdessen gewonnen, aber vielleicht noch gar nicht ganz erkannt?

3. Überwiegt das Freiheitsgefühl? Dann am besten die neu gewonnene Freiheit genießen und sich daraus ergebenden Möglichkeiten nachspüren!

4. Bin ich aus meiner Komfortzone gefallen, durch den Partner-Verlust? Warum dann nicht die Chance der Neuorientierung und Besinnung auf mich selbst und meine wirklichen Bedürfnisse nutzen? Hat der Komfort nicht auch meine Entwicklung und das Wagnis des Lebens behindert, weil er die Herausforderungen und damit die Förderungen minimierte?

5. Habe ich durch den Partner-Verlust Status eingebüßt? War der mir wirklich wichtig und angemessen? Was wäre notwendig, um den Status aus eigener Kraft zu erreichen? Ist es mir das wert? Bin ich nicht durch den Verlust auch freier und unabhängiger geworden und kann herausfinden, was mir statt Status wichtig ist?

6. Stehe ich nun vielleicht ganz plötzlich mutterseelenallein da? Wo kann ich mir eine Mutterseele finden?

7. Jetzt darf ich, aber muss ich auch allein bestimmen und für mich sorgen. Es geht um meine eigenen Bedürfnisse.

Wer sich Freiheit nimmt, bekommt Verantwortung

*Es ist gut, etwas Langsames zu tun, bevor man im Leben
eine wichtige Entscheidung trifft.*

PAOLO COELHO

Wer allein lebt, darf auch allein entscheiden. Umgekehrt gilt: Er *muss* es, auch wenn es schwierig wird. Das verlangt Mut. Einsamkeit geht oft einher mit Ängstlichkeit, manchmal sogar mit Feigheit. »Entscheiden« hieß im ursprünglichen Sinn, das Schwert aus der Scheide ziehen. Es geht darum, sich den Weg unter Umständen mit Kraft und Einsatz zu bahnen, auch angesichts möglicherweise unangenehmer Konsequenzen.

Wer nicht ständig Rücksicht nehmen muss, wird ja nicht zwingend rücksichtslos werden, bloß weil er allein entscheiden muss. Das Entscheidende für angemessene Entscheidungen im Hinblick auf unsere Nächsten ist – für uns alle – die Entwicklung von Bewusstheit und Achtsamkeit. Und, seien wir ehrlich: Wir alle lieben doch entscheidungsfreudige Menschen, die etwas in Bewegung setzen und voranbringen. Und wieder ist der Gegenpol zu berücksichtigen. Manche Entscheidung können wir nicht selbst treffen. Andernfalls würde es uns schlecht bekommen. Blicke ich auf mein eigenes Leben zurück, wäre ich zur *entscheidenden Zeit* am liebsten Skirennläufer geworden. Heute sehe ich es so, dass mir ein gnädiges Schicksal – ganz gegen meinen Willen – dreimal die Knochen gebrochen hat, bis ich endlich verstand, dass es einen höheren Willen gibt, der anders wollte als ich. Und der es dann doch *entschieden* besser mit mir meinte, als ich es selbst vermochte. Dem Skifahren bin ich gleichwohl dankbar. Hat es dem Berliner Jungen doch immerhin ein erfolgreiches Ankommen in Bayern ermöglicht.

Wer sich die Freiheit zur Entscheidung nimmt, dem wird Verantwortung gegeben. Grenzenlose Freiheit empfinden wir eben nur ganz zu Beginn im körperwarmen Fruchtwasser des Mutterleibes. Bei gleicher Temperatur draußen und drinnen können wir unsere Grenzen nicht spüren. Unsere Wahrnehmung bleibt gleichsam grenzenlos. In diesem Gefühl der Allverbundenheit erfahren wir die Einheit mit allem und tanken Urvertrauen, die Grundlage allen späteren Selbstvertrauens.

Unsere Freiheit im späteren Leben, in der Welt der Gegensätze, ist dagegen immer begrenzt, es sei denn, wir erleben in einem besonderen Augenblick eine Einheitserfahrung. Dann können wir sogar auch noch Urvertrauen hinzugewinnen.

Erinnerung an und Sehnsucht nach einmal erlebter Grenzenlosigkeit verlässt uns nie mehr ganz. Deshalb versuchen wir immer wieder, sie erneut zu verwirklichen und der Einheit wenigstens nahe zu kommen – ob im Orgasmus einer sexuellen Vereinigung oder wenn wir das Glück dieser Erde auf dem Rücken der Pferde im fliegenden Galopp erfahren, beim (Wind-)Surfen in der Brandung oder im tiefen Schnee über unberührte Berghöhen schwingend. *Über den Wolken muss die Freiheit wohl grenzenlos sein,* singt Reinhard Mey. Er ist Pilot und hat diese grenzenlose Freiheit wohl dabei erfahren. Natürlich kannst du da oben – in fast jeder Höhe und Tiefe, ohne Einschränkungen von Straßen und Schildern – fliegen, aber auch fliehen, wohin du willst. Aber letztlich braucht es sogar da doch Flugsicherung und -überwachung. Falls du alle Funkverbindungen verlierst, wie ich es einmal über dem Amazonas-Dschungel mit einem Freund erlebte, fühlt sich solche »Freiheit« eher bedrückend und gefährlich an. Siehst du unter dir nur noch das große Grün wie Brokkoli bis zum Horizont, hättest du doch sehr gern wieder etwas mehr An- und Verbindung.

Selbst noch zu dieser Art Erfahrung bietet im Bereich der menschlichen Entscheidungsfreiheit die Polarität den Gegenpol, wenn David Bowie seinen Major Tom im Song »Space Oddity« bewusst den Schritt in die Freiheit des Todes wählen lässt. Aber auch ohne Major Tom ins Kosmisch-Grenzenlose folgen zu müssen, nämlich schon im sehr irdischen Leben, gibt es einen Haken in puncto Entscheidungsfreiheit. Östliche Weisheit und unsere Märchen umschreiben es sinngemäß gleich: *Bedenke, was du dir wünschst, es könnte dir gewährt werden.* Ja, wir sind immer selbst verantwortlich für unser Leben. Das ist Chance, aber auch *Zumut*ung. Denn Freiheit braucht Mut. Sie nimmt jede Chance, zu projizieren und Schuld und Lasten auf andere abzuwälzen.

Alles, was soeben gesagt wurde, spielt natürlich auch ins Allein-Sein hinein, und durchaus in Form von Problemen, wenn das Single-Dasein unkritisch als idealer Lebensstil verklärt wird. Jene gealterten Playboys, die ich in der Schattentherapie erlebte, waren ab der Lebensmitte beziehungsweise nach deren Überschreiten alles andere als glücklich. Auch wenn sie nach Lust und Laune und in großer Freiheit Sinnlichkeit und Erotik in vollen Zügen genossen hatten, fehlte doch oft die Tiefe und nicht selten auch die Familie. Die kann eben nur aus dem Schritt ins Verantwortung-Übernehmen für andere wachsen und gedeihen, und das bringt sogleich wieder Einschränkungen und Unfreiheit ins Spiel. Aber eben auch die Liebe zu und Freude an Kindern und echter, tiefer gehender Liebes- und Lebensgemeinschaft.

Unser freier Wille ist letztlich nie so frei, wie wir gern glauben. Nur zu oft erkennen wir erst später, wie recht Sören Kierkegaard hatte: »Wir müssen das Leben vorwärts leben, können es aber erst zurückblickend verstehen.« Auf dem spirituellen Weg ist jedenfalls die Einsicht überfällig, dass letztlich Sein Wille geschieht, ob wir uns das wünschen oder es hassen. Ersteres ist nur ungleich einfacher und befriedigender zu leben.

Ein ganz einfacher Test

Eine ganz einfache Frage ehrlich zu beantworten kann zeigen, wo wir in dieser Hinsicht stehen. Frage dich, was du beim Beten des Vaterunsers bei der Zeile »Dein Wille geschehe!« denkst: das, was du da sagst, oder doch eher etwas in der Art von: »Lieber Gott, ich hätte da ein paar Vorschläge, bitte richte das entsprechend«?

Was wir uns wünschen, ist oft ja auch gar nicht zu unserem Besten, da wir nicht vorausschauend genug denken, sondern dem von Paul Watzlawick längst als erfolglos durchschauten Motto folgen »Immer mehr vom selben«.

Den Nagel auf den Kopf trifft da Henry Fords Satz: »Hätte ich die Menschen gefragt, was sie wollen, hätten sie geantwortet: ‚Ein doppelt so schnelles Pferd‘.« Ford bescherte uns etwas ganz anderes, das *Model T*, ein Auto, das sich die breite Masse leisten konnte und noch viel schneller war. Er verwirklichte seine Idee mit der Einführung der von Chicagos Großschlachthöfen abgeschauten Fließbandproduktion im Automobilbau. Da schaute ihm schon der Schatten nicht selbstbestimmter Arbeit und überbordenden Individualverkehrs über die Schulter ...

Kunst und Elend des Kompromisses

Wahrheit kennt keinen Kompromiss.
VIVEKANANDA

Ein Leben gegen den Mainstream zu führen ist in gewisser Weise mein Markenzeichen. Wer aber gegen den Strom schwimmt, hat oft starke Strömung gegen sich. Gleichwohl, und davon bin ich zutiefst überzeugt: Man ist auf dem einzig richtigen Weg zur Quelle. Und zur Wahrheit.

Offensichtlich ist ein weitgehend kompromissloser Lebensstil leichter möglich, wenn man seinen Weg für sich allein geht. Ich selbst hingegen lebte meist in Partnerschaft. Gleichwohl ist mir bewusstes Allein-Sein als ein Stück unverzichtbarer Lebensqualität lieb und wichtig. Also braucht es von beiden Seiten stets eine Menge Kompromissbereitschaft. Auch das gehört dann zur Wahrheit.

Tatsächlich ist der Kompromiss uns in den buchstäblichen Kern unseres Wesens gelegt: sind wir doch allesamt ein guter Kompromiss zwischen den Genen unserer Eltern, zwischen Yin und Yang. Das große Geheimnis im Zentrum jeder unserer Abermilliarden

Zellen, der kleinsten Bausteine des Lebens, ist Kompromissfähigkeit. Genetisch bringt uns das immense Vorteile. Ein intaktes Gen der Mutter kann ein krankes, vom Vater geerbtes, ausgleichen und natürlich auch umgekehrt. Gleich in doppelter Weise also sichert der genetische Kompromiss unsere Gesundheit: ein exzellentes Beispiel für das, was ich den *erlösten Kompromiss* nennen möchte.

Ein erlöster Kompromiss im täglichen Leben ist immer bewusst akzeptiert. Und ja, bewusst akzeptierte Kompromisse können auch wehtun! Sie schließen immer auch etwas aus. Das zeigt besonders die Politik, wenn sie versucht, mit ihren Entscheidungen oder Nicht-Entscheidungen möglichst wenigen wehzutun. Das Resultat, auch im ganz normalen Alltag, nennt man den *faulen Kompromiss*. Gemäß Schattenprinzip kann es nicht anders ausgehen, als dass schlussendlich alle Beteiligten sich auf der Verliererseite wiederfinden. Ein guter Kompromiss ist als Lichtseite und Gegenpol zu all den faulen Kompromissen, die wir nur zu gut kennen, geradezu zwingend, wenn am Ende lauter Sieger stehen sollen.

Schon der altgriechische Philosoph Heraklit erkannte: *panta rhei* – »alles fließt«. Der ehemalige Harvard-Professor Richard Alpert und heutige Weisheitslehrer Ram Dass sagt es poetisch: »Alles Leben ist Tanz.« Die moderne Physik stellt nüchtern fest, dass alles Schwingung ist. Rudolf Steiner, der in der Natur nichts mit dem Lineal Gezogenes fand, sagt: »Alles Leben ist Rhythmus.«

Je mehr dein eigener *Lebensrhythmus* aus dem üblichen Rahmen fällt, desto mehr zwingt Partnerschaft zu Kompromissen. Mein bester Rhythmus ist, mit Sonnenaufgang zu erwachen und die Zeit danach zum Meditieren, Schreiben und Denken zu nutzen. Meine viel-und-siebzig Bücher sind durchweg zwischen Sonnenaufgang und Mittag entstanden. In Partnerschaft lebend, stellte es eine beständige Herausforderung dar, diesen Rhythmus durchzuhalten. Meist habe ich es nur in den winterlichen Schreibphasen geschafft.

So früh aufzustehen – obendrein ohne Frühstück – erscheint heute den meisten unzumutbar. Mir aber tut beides schon immer wirklich gut, weil ich mir schlechten Schlaf erspare und guten vor Mitternacht gewinne. Das Frühstück auszulassen kostet mich keine Überwindung und schenkt – übrigens allen, die es beim *Kurzzeitfasten* so halten, wie durch Hunderte Studien erwiesen – viel Gesundheit. Neben gemütlichen Frühstücken auch noch lange gemeinsame Abende einzubüßen ist für viele inakzeptabel. Sobald ich allein war, wechselte ich sofort in meinen für mich natürlichen und bewährten Rhythmus. In Partnerschaft lebend, ließ ich ihn verwässern, machte – zugegebenermaßen schöne – Ausnahmen, verlor aber auch persönliche Lebensqualität.

Schläfst du überhaupt ausreichend? Nur in den Tiefschlafphasen der Nacht kann sich unser Gehirn reinigen und regenerieren. Wie lebenslang wichtig das ist, haben wir bereits gesehen.

Der Schlaf-Rhythmus ist ein primärer Lebens-Rhythmus. Unter Partnern, die in einem Bett liegen, wird er sich angleichen – mit entsprechenden Vor- und Nachteilen. Bei jenen, die besonders eng in der »Löffelchen-Haltung« schlafen, synchronisieren sich sogar Atem- und Herz-Rhythmus. Sie schätzen den erhöhten Level an Oxytocin, dem Kuschelhormon, der sich ergibt. Wahrscheinlich gleicht sich auch der Craniosakral-Rhythmus der subtilen Bewegungen unserer Gehirn- und Rückenmarkshäute an. Das kann ich jedoch nur vermuten, aber nicht belegen. Die Angleichung kann vorteilhaft oder nachteilig sein, je nachdem, mit wem du kuschelst und dich synchronisierst.

Bewusster sind den meisten die alltäglichen Rhythmen wie die des Essens, des Arbeitsbeginns und des Feierabends sowie der Wochen-Rhythmus. Wie wichtig sie alle sind, bemerken wir im eingefahrenen Alltagstrott meist gar nicht (mehr). In der französischen Revolution wollten die Radikalen die Siebentagewoche ins Dezimalsystem überführen. Es scheiterte am Widerstand der Bevölkerung. Sogar US-Schulmedizin-Star David Agus, dem ich sonst nur in wenigen Punkten zustimme, misst festen, verlässlichen Lebensrhythmen größte Bedeutung für unsere Gesundheit bei.

Hat man seinen ureigenen Rhythmus einmal gefunden und erfolgreich etabliert, fällt es leichter, ihn in eine Beziehung mitzunehmen, als ein Stück persönlicher Lebensqualität nach Kräften am Leben zu erhalten und – wenn es sein muss – ihn auch zu verteidigen. Beziehungsweise ihn einfach zu leben. Vielleicht erfährst auch du, wie er dann sogar sein ansteckendes Potential entfaltet, abfärbt und beide zu guten Kompromissen inspiriert.

Ein Paradebeispiel für die anspruchsvolle Herausforderung, erlöste Kompromisse zu entwickeln, ist das *Essen*. Das eigene und das gemeinsame Glück können heutzutage, da immer mehr Menschen an ihren Ernährungsgewohnheiten arbeiten, bisweilen weit auseinanderliegen. So weit sogar, dass die Partner selbst, dank schlechter oder fehlender Kompromisse, irgendwann buchstäblich weit auseinanderliegen. Was es natürlich zu vermeiden gilt. Allein-Stehende haben in dieser Hinsicht nicht nur naturgemäß Vorteile, sondern wissen diese tatsächlich auch öfter zu nutzen. Eben weil sie nur sich selbst dazu bringen müssen, den so überaus wichtigen Schritt zur gesunden Ernährung zu schaffen.

Meine Haltung zur so wichtigen Ernährungsfrage und Vorstellungen von einer gesunden, ethisch vertretbaren Ernährung habe ich immer wieder kundgetan. Deshalb werde ich mich hier auf Gesichtspunkte im unmittelbaren Themenbereich dieses Buchs konzentrieren.

Rundheraus gefragt: Würde ein Boxer von seiner Partnerin die gleiche boxerische Leistung erwarten? Oder eine Synchronschwimmerin von ihrem Partner, dass er ihre Anmut und Beweglichkeit im Wasser-Element erreichte? Gewiss nicht. Doch sobald es um Ernährung geht, prallt es aufeinander. Meistens erkennt sie die veganen Zeichen der Zeit zuerst. Er dagegen will »sein« Fleisch sich nicht nehmen lassen! Sprache ist auch hier verräterisch: Fleischverzehr gilt gemeinhin immer noch als »männlich«. Eben so lange, *bis er endlich den wirklichen Mann in sich stehen kann.* Also seinen Mut zur Veränderung (wieder-)findet.

So lange sind auch all ihre Versuche, ihn seiner eigenen Gesundheit und der unserer Mit- und Umwelt zuliebe auf pflanzlich-vollwertige *Peacefood*-Kost umzustellen, dazu verurteilt, an seiner tiefsitzenden Gewohnheit und Angst zu scheitern. Auch gut gemeinte Kompromisse können auf Dauer nicht tragen, denn *ihre* Sensibilisierung schreitet voran, während *er* bleibt, wie er immer gewesen ist und zu bleiben wünscht. Dieser Verlauf ist schon zum modernen Klassiker geworden, um sich »erfolgreich« auseinanderzuentwickeln.

Gelingt es ihm aber, ihr zu folgen – oder, seltener, sie ihm –, und erleben sie zusammen den Fortschritt nicht nur am eigenen Leibe, sondern auch an Geist und Seele, werden sie zu neuer Gemeinsamkeit und noch tieferer Verbindung finden. Seit je sind Sex und Essen selbst für diejenigen noch von entscheidender Bedeutung, die sich vor dem Scheidungsrichter wiederfinden: Geht es dort dann doch um die »Trennung von Tisch und Bett«, nicht von Sitzgarnitur und Sportplatz.

Wer nicht auch nur in die Nähe einer solchen Entwicklung geraten will, sollte auch Hilfe von der Traumfabrik nicht verachten. »Game Changer« von David Cameron führt schambefreit vor Augen, wie junge Sportler, auf vegan umgestellt, ihre Potenz innerhalb von Tagen um »über 100 Prozent« steigern.

Auf exakte Prozentzahlen mag im physischen Bereich gut und gern herumzukommen sein. Nicht aber im psychologischen Bereich am Erfahrungswert, dass es wenig brächte, wenn sie aus »Liebe« zu ihm selbst wieder zur Fleischkost zurückkehrte. Sie wird ihn über kurz oder lang ihr unbefriedigendes Lebensgefühl spüren lassen und auch ihr schlechtes Gewissen, eingedenk von Abermillionen hungernder Menschen, ungezählter leidender Tiere und der zugrunde gerichteten Umwelt. Schafft er den Schritt zur pflanzlich-vollwertigen Kost nicht, wird er sein Scheitern oft auf sie projizieren und selbst mit schlechtem Gewissen omnivor bleiben, aber seine Schwäche ihr in die Schuhe schieben.

Damit also können diejenigen rechnen, die nicht als Solisten ihren ganz eigenen Entwicklungsweg beschreiten. Warum aber tun sich auch unter den Singles die Frauen deutlich leichter als die Männer, Chancen für persönliche Entwicklung und inneres Wachstum zu ergreifen, ja überhaupt zu erkennen? Tiefenpsychologisch ist das alles andere als erstaunlich: Das archetypisch-weibliche Prinzip ist als *Anima* zwar auch in Männern wirksam, in Frauen aber doch lebendiger und entwicklungsfreudiger.

Schon beim Gebären schaffen Frauen einen Entwicklungsschritt, den Männer sich nicht vorstellen können. Mütter müssen sich veränderten Umständen ständig und sofort anpassen, da Kinder mehrmals täglich und jeden Tag Nahrung brauchen. Das sind keine alltäglichen Trivialitäten. Es reicht tief in die innerpsychische Welt. Symbolisch und konkret muss – nein: darf – frau sich öffnen und aufnehmen, also Fremdes einlassen, wogegen *man* immer nur in fremde Reiche eindringt und Spuren und Spermien hinterlässt. Sie muss so vieles auf die Reihe kriegen, während er auch mal aus der Reihe tanzen darf, damit er nur ja nicht die Geduld mit den Seinen verliert ...

Wenn sich im neuen Bild der Frau ein neues Rollenbild ergibt, wirken die archetypisch im Unbewussten verankerten Muster doch weiter fort. Die Frage ist nicht, ob sie entbehrlich sind, weil sie sich nicht entbehren lassen. Im Gegenteil. In der selbstverständlichen Entwicklungsbereitschaft der Frauen liegt ein weiterer innerer Schatz, der unserer Welt zur dringlich Not-wendigen Heilung gereichen kann.

Umstellung auf Peacefood ist praktizierte Entwicklungsbereitschaft im Hinblick auf Körper, Geist und Seele: dank eines erlösten Kompromisses zwischen uns und unserem Immunsystem, indem wir auf Dinge verzichten, die uns vielleicht schmecken, ihm aber schaden, wie zum Beispiel Fleisch- und Milchprodukte. Es ist aber auch ein Kompromiss zwischen uns und unserer Mit- und Umwelt. Am schwierigsten bleibt es, *wo die Umstellung* einen Kompromiss zwischen uns und unserem Partner erfordert. Einlenken und Nachgeben sind die Voraussetzung aller guten Kompromisse. Werden sie von beiden Seiten mit ganzem Herzen mitgetragen, ergibt sich ein Königsweg der Entwicklung. Nachgeben ist dann keinesfalls ein Zeichen von Schwäche, sondern von großer Stärke. Ein Fleischesser, der seinem Immunsystem und anderen Organen zuliebe auf sein geliebtes Fleisch verzichtet und das bejaht, ist auf gutem Weg zu Gesundheit und innerem Frieden und mit der Zeit auch zunehmend zu äußerem Frieden.

Nur der Stärkere kann wirklich aus ganzem Herzen einlenken – eben weil er stark ist. Mahatma Gandhi sagt: »Der Schwache kann nie vergeben. Jemandem vergeben können ist die Eigenschaft starker Menschen.« Gibt der Schwächere dem Druck des Stärkeren nach, geschieht es ohne Alternative und aus Ohnmacht – und zeitigt keine guten Ergebnisse. Ein erlöster Kompromiss ist nie nur Nachgeben allein – er zielt auf fairen Interessenausgleich.

Wer allein lebt, ist gegenüber seinen eigenen Schwächen grundsätzlich in einer vergleichsweise starken Position. Diese kann er oder sie umso freudiger nutzen, im Sinne des so wichtigen Entwicklungsschritts zu einer gesünderen Ernährungsweise.

Wenn stimmt, was Demoskopen finden, nämlich dass in den drei deutschsprachigen Ländern über 80 Prozent der Menschen im gefühlten Widerstand mit ihrer Arbeit sind, was sagt uns das? Sicher doch, dass der faule Kompromiss im *Berufsleben* an der Tagesordnung ist. Das entspricht voll und ganz meiner eigenen, beruflich bedingten Beobachtung.

Nicht wenige meiner Patienten sind nur ihrer Familie und Partnerschaft zuliebe bei einer Arbeit geblieben, unter der sie litten – und schließlich erkrankten. Frappierend war, dass ich fast identische Verläufe im Falle zweier Steuerprüfer, der eine in Deutschland, der andere in Österreich, mit schweren gesundheitlichen Problemen erlebte.

Solange sie kleine und mittlere Betriebe prüften, war alles gut. Sie machten das mehr als ordentlich und wurden jeder für sich für würdig befunden, sogenannten großen Fischen auf die Schliche zu kommen. Als sie weiter gute Arbeit ablieferten, wurden sie aber zurückgepfiffen. Sie mussten erleben, dass Steuerbetrug im großen Stil straflos blieb. In beiden Fällen war ihr erster Impuls, die Sache an die große Glocke zu hängen. Doch beide Ehefrauen fürchteten den Skandal. Sie brachten ihre Männer davon ab, als Whistleblower aufzutreten – der Familie, den in Ausbildung befindlichen Kindern und dem nicht fertig abgezahlten Haus zuliebe.

Was machte das mit ihren Männern? Die waren beide fortan zutiefst unzufrieden mit ihrer Arbeit und erkrankten an der Situation, einer sogar sehr schwer. Allein lebend, hätten sie sich womöglich nicht so verbogen und mutiger den Weg in die Verantwortung gewählt, hätten gewagt, zum Himmel stinkende Ungerechtigkeiten und unsaubere Seilschaften aus Wirtschaft und Politik auffliegen zu lassen. Vielleicht hätten sie danach – wie beide anklingen ließen – die Seite gewechselt und den Weg in die Selbstständigkeit gewagt. Stattdessen gaben sie dem Drängen ihrer Ehe-Partnerinnen nach, hielten still und wählten damit unbewusst *Krankheit als Weg*. Der Konflikt sank auf die Körperbühne und hat sich verkörpert.

Tragen Kompromisse erzwingende Ehepartner nun eine Schuld als »Krankmacher«? Jeder ist seines Glückes Schmied, weiß der Volksmund. Will sagen: Bevor ein(e) jede(r) erst für und mit sich selbst glücklich wird, gelingt auch das Glück der Partnerschaft nicht.

Allein-Stehende können ihrer Verantwortung für sich selbst, rein lebenspraktisch gesehen, einfacher, besser und kompromissloser gerecht werden. Dafür sollten sie weder über die Schulter angesehen noch beneidet werden. Wo Allein-Sein auf dem spirituellen Weg zur Befreiung führt, was immer noch so viel häufiger geschieht als in der familiären Welt der Gegensätze, ist es nicht die vollkommenere Lebensform, aber womöglich die rascher und zielsicherer zur Selbstverwirklichung führende.

Den Weg bewussten Allein-Seins fürs (immer noch verbleibende) Leben zu wählen heißt also auch, privilegiert zu sein. Und muss es auch bleiben: Denn träfen wir alle diese Wahl, stürben wir womöglich noch (un)erleuchtet aus ...

Arm an Zeit zum Leben?

Age is an issue of mind over matter,
if you don't mind, it doesn't matter.

MARK TWAIN

Zeit ist ein kostbares Gut, und umso mehr heutzutage: Wir sparen sie überall ein und haben doch nie genug. Es heißt, die deutsche Hausfrau erspare sich dank moderner Haushaltstechnik an einem einzigen Tag über 40 Stunden Arbeitszeit, im Vergleich zu vor 100 Jahren. In 24 Stunden über 40 Stunden einzusparen ist eine Kunst, die viele Leben verheert.

Arm an Zeit zum Leben zu sein ist die bemitleidenswerteste Art von Armut. Eine Armut, die ausgerechnet den reichsten Teil der Welt stärker durchseucht hat als manche Pandemie. Kein Wunder, dass es »im Trend der Zeit« liegt, allein zu leben. Unter anderem spart es ja auch Zeit. Ich durfte das an der eigenen Seele erfahren. Während meiner eingangs geschilderten Trennungsmisere kam ich mit der Arbeit an diesem Buch verblüffend gut voran, weil ich über ungewohnt viel nutzbare Zeit verfügte. Zu Beginn fühlte es sich wie Überfluss an. Aber rasch hatte ich mich darauf eingestellt –

und flugs war die vermeintlich eingesparte Zeit auch schon wieder verflogen.

Da war ich also selbst schon wieder von Zeitarmut bedroht. Ich muss gestehen, das kam mir alles andere als ungewohnt vor. Jemand wie ich hat – außer in Pandemie-Zeiten – sein Leben nicht nur eine Woche im Voraus, sondern einen Monat und in groben Zügen ein ganzes Jahr verplant. Dass ich trotzdem auch noch genügend Zeit für mich selbst habe, liegt daran, dass ich kein Opfer eines Zeitmanagements bin, das »bessere Organisation« und »Zeitsparen« zur Bekämpfung der allgemeinen Zeitarmut empfiehlt. Die Organisation ist ziemlich perfekt, was ich vor allem meiner Partnerin, aber auch meiner Büroleiterin und Sekretärinnen verdanke. Und statt Zeit sparen zu wollen und nur feststellen zu müssen, dass sie dabei doch immer knapper wird, nutzen wir eine andere Methode: »Me-time« – Zeit ganz allein für mich selbst – ist in meiner Agenda auch ausdrücklich als Zeit für mich selbst eingetragen. Stünde sie nicht genau so dort drin, würde es mir womöglich so gehen wie anderen gut beschäftigten Menschen: Ich würde tatsächlich Zeit *verlieren*.

Me-Time im Kalender festzulegen, mir immer wieder persönliche Spielräume freizuschaufeln gehört sicher nicht zu meinen Lieblingsbeschäftigungen. Immerhin gelingt es mir, im Gegensatz zu anderen ebenfalls gut ausgelasteten Menschen. Die Frage muss erlaubt sein: Wollen sie es überhaupt – ernsthaft? Ist da nicht oft auch, auf Bairisch gesagt, G'schaftlhuberei mit im Spiel?

An der Einfahrt zur Sackgasse in Richtung Zeitarmut steht ein Schild mit der Aufschrift »Zeit = Geld«. Bei einer Gleichung aber muss auf beiden Seiten Gleiches stehen, deshalb heißt sie Gleichung.

Bei 6 + 7 = 13 ist das der Fall, weil 13 auch 7 + 6 ist, aber Geld ist nicht gleich Zeit. Zwar lässt sich Zeit auf vielerlei Weise in Geld tauschen, aber aus Geld keine Zeit zurückgewinnen. Gevatter Tod lässt sich auf solche Geschäfte nicht ein.

Einer meiner Patienten hatte es darauf ankommen lassen und war in große gesundheitliche Probleme geraten, nachdem ich ihm bereits zur Schattentherapie geraten hatte. »Ich weiß, das hätte ich schon viel früher machen sollen«, gab er zu, als er sich dann doch dazu bereitfand. »Aber es kommt mich eben auch sehr teuer.« –»Da kostet doch ein einziges Rad Ihres Aston Martin mehr«, entgegnete ich. – »Ach, ich meine doch nicht Ihr lächerliches Honorar, sondern meinen Ausfall«, gab er zurück. »Vier Wochen kosten mich über eine halbe Million.«

Wie reich und doch wie arm ist so ein Mensch? Er dürfte sich nicht mal Urlaub leisten, weil jede freie Minute »unbezahlbar« würde!

Wer sich für Gesundheit und Glück entscheidet, investiert nicht Geld, sondern Zeit. Nicht mal unbedingt möglichst viel Zeit, sondern im besten Sinn wertvolle Zeit. So mancher Manager ist schon dem täglichen Zeitstress ins Zen-Kloster entflohen, um dort dem Strom der Zeit zu entkommen beziehungsweise ihn anzuhalten. Im Zen nennt sich solch ein Moment Satori, und wo das Eintauchen in den zeitlosen Augenblick des Hier und Jetzt auf Dauer geschieht, spricht der Osten von Samadhi. Andere Traditionen haben andere Ausdrücke dafür, aber alle kennen diese Erfahrung widerstandslosen Versinkens im zeitlosen Augenblick des Seins.

Spirituelle Traditionen bieten eine Fülle von Wegen an, um uns in die Zeitlosigkeit zu führen, die nirgendwo anders als im Hier und

Jetzt liegt. Wer ohne Zeit(gefühl) außerhalb des Stromes linearer Zeit ankommt, hat plötzlich alle Zeit der Welt – und das Spiel (des Lebens) gewonnen.

So weit, so gut. Aber zeigen uns alle Traditionen nicht auch, dass dies erfordert, auch aus dem Strom des weltlichen Lebens auszutreten? Ist es nicht so, dass spirituell Suchende ihre Familie verließen, wie etwa der Schweizer Nationalheilige Nicolaus von der Flühe, um allein weitergehen zu können? Auch Christus verlangte von seinen Jüngern, ihre Familien zu verlassen, um ihm bedingungslos zu folgen, wörtlich: »*Überlass es denen, ihre Toten zu begraben, die nicht auf Gott hören und nichts vom ewigen Leben wissen wollen.*« (Lukas 9, 57–62)

Wer diesen Weg gehen will, dem ist es auch heute immer noch unbenommen. Ich bin jedoch nicht der Meinung, dass es der einzig richtige Weg ist, schon gar nicht für uns heutige Menschen, die wir ja auch Kinder unserer Zeit sind. Unser Weg in ein sinnerfülltes, von Bewusstheit und Achtsamkeit getragenes Leben beginnt damit, die gängigen Fallen auf diesem Weg zu durchschauen, um nicht unnötig Zeit zu vergeuden. Christof Herrmann ist mit seinem »Minimalismusprojekt« auf ähnlicher Spur, wenn er sagt: »Weil die Zeit, die du in deinem Leben noch zur Verfügung hast, ständig knapper wird, ist Zeitverschwendung eine Sünde gegenüber dem Geschenk des Lebens.« Das klingt schön und gut und auch richtig – einerseits. Andererseits sollte man mit dem Wort »Sünde« umsichtig umgehen und sich immer wieder vor Augen halten, dass Lebenszeit zwar verschwendet, vergeudet und verloren, aber nicht ein- oder aufgespart werden kann.

Der Schlüssel liegt doch auf der Hand – immer und überall. Wir müssen ihn nur sehen und ins Schloss führen: Wer in den Augenblick eintaucht, tritt aus dem Strom der fließenden Zeit und bekommt als Begrüßungsgeschenk alle Zeit.

Wie spät es in unserem Leben schon geworden ist, verdeutlicht sinnfällig ein Test von Emanuel Winklhofer.

Maßband-Test

Nimm ein Ein-Meter-Maßband und schneide es an der Zahl deines gegenwärtigen Lebensjahrs ab. Ich selbst muss es gegenwärtig also bei 70 cm kappen. Als Frau markierst du weiter 83,5 cm, als Mann 78,8 cm. Das entspricht den gegenwärtigen durchschnittlichen Lebenserwartungen in Deutschland.

Jetzt lässt sich – der Statistik folgend – ablesen, wie viel Zentimeter beziehungsweise Lebensjahre – wiederum statistisch gesehen – dir noch verbleiben. Und du kannst dich fragen, was du damit anfangen willst. Ich habe dann also noch knappe neun Jahre, wobei ich damit meine beiden Großväter schon weit und meinen Vater bereits um acht Jahre überlebt hätte. Aussichten, die nachdenklich stimmen können, nicht wahr? Die aber auch die Kostbarkeit des Augenblicks betonen und – vielleicht – erkennen lassen, dass keine Zeit mehr ist, um Wichtiges und Wesentliches zu verschieben.

Deutsche Männer und Frauen, zusammengenommen, leben durchschnittlich 81 Jahre, US-AmerikanerInnen 79 Jahre. US-AdventistInnen jedoch, die seit Generationen und in allen Lebensphasen pflanzlich-vollwertig essen, leben über zehn Jahre länger als der statistische Durchschnitt dort. Die Frauen wurden schon vor Jahren – nach Aussagen von Prof. Claus Leitzmann – über 91 Jahre und die Männer über 89. Und das liegt sicher an ihrer Ernährung, denn von der reinen Lehre und Kost abgefallene AdventistInnen leben wiederum nicht länger als der US-Durchschnitt.

Daraus folgt: Durch eine qualitative Maßnahme – hier eine verbesserte Ernährung – kann unser Leben sehr wohl auch in quantitativer Hinsicht beeinflusst, das heißt die Zahl unserer Lebensjahre vermehrt werden. Empirisch belegen kann ich es zwar nicht, weil Untersuchungen an Hochbetagten noch fehlen, aber ich meine behaupten zu dürfen: Das gilt sogar weitgehend unabhängig vom Alter.

Als ich zu Bert Hellingers 85. Geburtstag einen Vormittag für ihn gestalten durfte, las er gerade die „China-Study" und stellte seine Ernährung auf vegan um.

Er wurde deutlich über 90 Jahre, was wohl auch seinem lebendigen, jung gebliebenen Geist zu verdanken war. Auch das bestärkte mich in der schon dank langjähriger Beobachtung eingenommenen Perspektive, dass wir auf körperlicher, seelischer und geistig-spiritueller Ebene gleichermaßen und erfolgreich auf die Verlängerung unseres Lebens hinarbeiten können, was inzwischen auch die Epigenetik belegt.

Im Buch *Die Liste vor der Kiste* habe ich mich ausführlich damit beschäftigt, wie die verbleibenden Zentimeter auf dem Maßband der Lebenszeit mit Sinn, Intensität und Daseinsfreude erfüllt werden könnten. Erst auf dem Totenbett käme die Erkenntnis allerdings zu spät! Eindrucksvoll zeigt das Bronnie Wares Buch »5 Fehler, die Sterbende am meisten bereuen«. Die Australierin begleitete jahrelang Sterbende in deren letzter Zeit und fand heraus, dass die meisten sich auf den letzten (Zenti)Metern mit ganz typischen Themen quälen. Im Sinne unseres eigenen Buchthemas werden wir diese Themen nun im Hinblick auf die Chancen und Herausforderungen von Singles beziehungsweise Gebundenen beleuchten.

An erster Stelle fand Bronnie Ware – wie auch andere Sterbeforscher und in allen untersuchten Kulturen – ein und dasselbe Thema: das nicht gelebte Leben. Es nicht geschafft zu haben, das eigene Leben intensiv und sinnvoll zu leben, sich nicht getraut zu haben, um die Erwartungen anderer zu erfüllen, erfüllt die meisten Sterbenden mit Trauer und Reue.

Singles müssen nicht den Erwartungen eines Partners gerecht werden. Sie haben – insofern zumindest – freie Bahn, ihre Lebensziele und -wünsche zu verwirklichen. Und das könnte das Wichtigste im Leben überhaupt sein: es nämlich nicht zu verpassen, sondern zu wagen.

An zweiter Stelle rangiert die Erkenntnis, viel zu viel gearbeitet zu haben. Und das, wen wundert's, vor allem bei Männern.

Auch diese Fehlerquelle dürfte für Alleinstehende leichter zu regulieren sein, entscheiden sie doch selbst und allein für sich, wie viel sie arbeiten und zu welchem Zweck und Ziel. Hinzu kommt, dass sie nicht so viel und so regelmäßig verdienen müssen, da sie ja nur für sich allein zu sorgen haben. Von daher könnten Solisten auch dieser Falle eher entgehen.

Andere Sterbeforscher finden, weltweit übereinstimmend, an zweiter Stelle die Klage über einen Mangel an Disziplin, der verhinderte, als richtig und wichtig Erkanntes auch durchzuziehen.

Diesbezüglich haben Singles den Vorteil, die Verantwortung für ihre mangelnde Disziplin weder auf den Partner noch die gemeinsame Familie projizieren zu können. Das ist jedoch gleichermaßen mit Selbstverantwortung verbunden, da für solche Entschuldigungen stets auch ein inneres Ziel gefunden werden kann, an dem sie sich anlagern können.

An dritter Stelle erkennen die Sterbeforscher deutliche Unterschiede von Land zu Land, insbesondere von Kultur zu Kultur. Bronnie Ware nennt an dritter Stelle die Klage, Gefühlen zu wenig Ausdruck verliehen zu haben.

Hier dürften es Menschen in Partnerschaft leichter haben. Meist braucht es ja ein Gegenüber, um Gefühle auszudrücken. Andererseits können offene, selbstbewusste Singles diesen Nachteil zumindest teilweise ausgleichen, etwa mit *echten* Freunden und abwechslungsreichen Aktivitäten. Gönnen sie sich ein bewegtes Liebesleben, müssen sie aufpassen, dass dies nicht auf Kosten der Gefühlstiefe geht. Fühlsamkeit für spirituelle Erfahrungen zu entwickeln steht ihnen tendenziell eher offen. Es ist jedoch wohl eher etwas für die wahren Solisten in der Kunst zu leben und ist niemandem als Selbstverständlichkeit gegeben.

An vierter Stelle beschreibt Bronnie Ware die Klage, Freundschaften nicht genügend gepflegt zu haben. Hier sind Alleinstehende erfahrungsgemäß im Vorteil. Ihnen redet niemand rein, wenn sie sich Zeit für Freunde nehmen wollen. Allerdings gilt hier: Lieber für sich bleiben, als falsche Freunde zu haben. Wer für seine wahren Freunde mehr Zeit hat und sie auch nutzt, verbessert natürlich sein Gespür, die wirklichen von den falschen zu unterscheiden.

Unterbrich jetzt bitte mal kurz die Lektüre und nimm einen kleinen Test vor. Beantworte spontan und ohne groß nachzudenken, nur eine Frage:
Wie fühlst du dich, nachdem du Zeit mit einer Freundin/einem Freund verbracht hast?
Die Qualität deiner spontanen Empfindung sagt etwas über die Qualität der Freundschaft aus. Sie verrät, ob du dich aufgebaut und inspiriert oder als Klagemauer oder Abfalleimer missbraucht fühlst.

Oder, noch einfacher:
Ging es dir vor oder nach der gemeinsam verbrachten Zeit besser?

Oder, ganz einfach:
Schau in einen Spiegel, während du an die betreffende Person denkst. Tendieren deine Mundwinkel zum Lächeln nach oben, oder hängen sie nach unten?

An fünfter Stelle schließlich folgt in Bronnie Wares Untersuchung die Klage, sich nicht genug Freude gegönnt zu haben. Nun bringt eine gelungene Partnerschaft natürlich viel Freude mit sich, ob mit oder ohne Kinder. Allerdings ist bei vielen Partnerschaften die Freude nur anfangs groß, und danach entwickeln sich freudlose Auseinandersetzungen. Hier sind zunächst jene Singles im Vorteil, die kürzere Beziehungen haben und immer wieder die Freuden des Anfangs genießen dürfen. Allerdings müssten sie das Kunststück meistern, der Verflachung ihres Gefühlslebens zu entgehen. Dies mag gelingen, indem sie Freundschaften länger und gepflegt unterhalten, was auf Dauer eine tiefe Freude bereitet. Nicht zuletzt können sie, da sie über ihr Leben grundsätzlich selbst bestimmen, häufiger und mehr von all dem einplanen, was sie persönlich erfreut.

Wer aber wollte nun eine Bewertung unterm Strich vornehmen, gar ein abschließendes Urteil wagen, welche Lebensform das besser gelebte Leben begünstigt? Allein wichtig ist, die Weichen rechtzeitig umzustellen und kein Ende voller Reue erleben zu müssen, sondern dann von tiefer Gewissheit erfüllt sein zu können, wirklich gelebt zu haben – bis zu diesem einzigartigen Moment, in dem ich gehe. Allein, aber nicht verlassen.

Den inneren Kompass finden

Ich sitze auf einem Stein und schweige und horche,
was Gott in mir spreche.

MEISTER ECKHART

Wer in die Stille geht, lernt seine innere Stimme zu vernehmen. Wer auf seine innere Stimme hört, findet seinen inneren Kompass. Wer sich nach seinem inneren Kompass ausrichtet, wird ein sinnvolles und erfülltes Leben haben und nicht unbefriedigt sterben müssen.

Wenn erst die Angst vor dem Allein-Sein und dem dunklen Wald des Unbewussten überwunden ist, kann Stille einkehren und sich sanft ausbreiten. Neben der linken, archetypisch gesehen männlichen Gehirnhälfte, die sich so oft deinen kühlen Kopf zerbricht, weshalb der auch manchmal sehr schmerzt, kann sich dann auch dein heißes Herz und dein Bauchgefühl bei dir melden und bei allen wichtigen Lebensthemen mitreden. Mit der Zeit mag sich auch dein Inneres Kind deiner inneren Stimme bedienen und sich bei dir melden. Es wird dir Intuition schenken und dir dabei helfen, deinen sechsten, ja sogar siebten Sinn zu entwickeln.

Um an einer besseren eigenen Zukunft zu bauen, ist in der Gegenwart eine friedvolle Basis im Sinne von Balance und Harmonie zu schaffen. Das aber setzt Frieden und Versöhnung mit der eigenen Vergangenheit voraus. Dafür haben wir eine besondere Gabe erhalten, eine Quelle der Kraft und Kreativität, die allein aus unserem Inneren strömt: das Nachdenken, das Gegenwart und Zukunft im Rückspiegel der Vergangenheit erfasst. Wenn nicht nur unser Geist, sondern auch das Herz spricht, kann es sogar ein Nachdenken über das ganze eigene Leben sein, über seinen Sinn und sein Wesen, die gelösten und noch ungelösten Aufgaben.

An- und abschließend über Ereignisse, Begegnungen, eigene Handlungen und nicht zuletzt Aussagen nachzudenken lehrt uns, Durchlebtes besser zu verstehen und einzuordnen, um Ähnliches in Zukunft noch besser hinzubekommen. *Hinterher ist man immer schlauer,* weiß der Volksmund. Nichts spricht dagegen, schlauer zu werden, indem in Fehlern Fehlendes erkannt und Enttäuschungen als Ende von Täuschungen wahr- und wichtig genommen werden.

Schon der Wunsch nachzudenken ist im heutigen Alltagsgetümmel ein Fortschritt, ein erster Schritt des In-sich-Gehens, der Selbst-Besinnung im wahrsten Sinn des Wortes. Wer zur Besinnung kommen will und seinen Lebens-Sinn suchen möchte, findet ihn stets in Momenten bewussten Allein-Seins mit sich selbst. Natürlich können auch die Gedanken anderer wohltuend unterstützen, aber die entscheidenden Prozesse müssen doch in meinem eigenen Inneren stattfinden.

Immer mehr Menschen erkennen das. Sie wollen ganz bewusst einfach auch einmal allein sein. Endlich einen Moment Ruhe und Zeit für sich selbst haben und diese Zeit auch genießen – und dabei darüber nachdenken, wo sie gelandet sind. Und ob man dort stehen bleiben oder doch lieber weitergehen möchte. Dem Wunsch nachzugeben, dies ganz ohne Ablenkung durch Partner(in), Freunde oder Bekannte zu tun, ist durchaus ratsam. Nach so viel Input durch ständige mediale Berieselung ist es schon ein großer Schritt, sich regelmäßig nur mit sich selbst und den eigenen Gedanken zu beschäftigen.

Besonders für kreative Menschen sind stille Zeiten extrem wichtig, kommen da doch die besten Ideen und Inspirationen. Nur woher? Aus dir selbst, aus deiner Mitte. Aber dafür muss sie frei und nicht von außen in Anspruch genommen oder gar besetzt sein.

Inmitten eines von Reizüberflutung, nicht zuletzt von übermäßiger Lautstärke gestressten Daseins ist es immer schwieriger geworden, diesem eigentlich selbstverständlichen Anspruch gerecht zu werden. Allein schon die eigene innere Stimme herauszuhören aus dem vielstimmigen Chor von irgendwoher aufgenommenen Ratschlägen, Regeln und auch Ängsten ist für die meisten nicht so einfach. Stattdessen führt die Stimme ihres inneren Schweinehundes dann oft zur Dönerbude, zum Zigarettenautomaten und an die Bar. Das hieße dann, sich gezielt positiven Einflüssen auszusetzen, zum Beispiel Menschen um sich herum zu haben und an sich heranzulassen, die weiter sind als man selbst. Womit wir wiederum erkennen: In unserer sehr speziellen Welt kann für die allermeisten von uns ihr innerer Kompass nicht im Sinne einer simplen Alternative entweder auf »Alleingang« oder auf »Mitgehen« stehen. Sondern vielmehr, im Sinne eines Gleichgewichts zwischen beidem, immer öfter auf »Balance und Harmonie«.

Unsere mitmenschliche Umgebung beeinflusst uns (mit)entscheidend bis in unsere Gedanken, unsere Handlungen, unser Lebensgefühl, unser ganzes Sein. Es ist also sehr wichtig, mit wem wir uns umgeben. Wir wissen, wie stark der Einfluss der sogenannten Peergroup bei Kindern ist. Das bleibt auch später so, nur haben wir als Erwachsene die Wahl, von wem und wodurch wir uns beeinflussen lassen. Ob und wie wir wählen, ist eine andere Frage. Jede(r) von uns und wir alle miteinander leben in seinem/ihrem persönlichen (Kraft-)Feld von Gefühlen und Gedanken, Glaubenssätzen und Deutungsmustern sowie – nicht zuletzt – seelischen Energien.

Wer sich mit Pessimisten umgibt, wird irgendwann, oft sogar überraschend rasch, ebenfalls pessimistisch – oder eben optimistisch, dank einer positiv eingestellten Umgebung. Wer sich mit Schwätzern umgibt, wird zum Schwätzer, wer sich Nörgler im Umfeld leistet, wird nur zu leicht zum Nörgler. Aber wer in einem Feld von Denkern lebt, wird selbst zum Denker und in einer Gruppe von Machern auch selbst zum Zupacken neigen.

Eine sehr starke Beeinflussung geht normalerweise vom Partner aus, mit dem wir eng verbunden leben. Ein vorsichtiger Partner lenkt uns in Richtung Vorsicht, ein ängstlicher in eine ängstliche, ein kritischer in eine kritische Richtung, ein mutiger zu Mut, ein zuversichtlicher zu Zuversicht, ein hoffnungsvoller zu Hoffnung.

Allein-Stehende bestimmen ihre Stimmung weitgehend selbst. Sie *müssen* es, denn sie haben kein Gegenüber, auf das sie Verantwortung abschieben könnten. Einfach weil niemand da ist. Wer allein lebt und sich gleichsam mit sich selbst umgibt, kommt mehr zu sich selbst, wird sich seiner selbst bewusster, schlicht weil er keine

Projektionsfläche in Gestalt des Partners hat. Dass er/sie es erträgt, sich selbst zu spüren, sich selbst verantwortlich zu halten und eigene Antworten auf alle Lebensfragen selbst zu finden, ist eine immense Entwicklungschance und starke Herausforderung zugleich. Der allein lebende Mensch ist, mit einem Wort, genötigt, sich immer »an die eigene Nase zu fassen«. Womit der Volksmund uns sagen will: Er wird sich selbst zum besten Spiegel.

Umso wichtiger mag es für ihn oder sie sein, die (womöglich eher begrenzte Anzahl von) Personen des eigenen Umfeldes gut auszuwählen. *Umgib dich mit Menschen, die dir guttun, und es wird dir gut gehen.* Es werden Menschen sein, denen auch du guttust, sodass Resonanz entsteht.

Trau dich! Sieh die Menschen in deiner Umgebung ohne Scheu an und sei ehrlich gegenüber dir selbst. Spüre in dich hinein, welche Resonanz du im Augenblick hast. Wenn es dir nicht behagt, was du spürst, kannst du dich frei entscheiden, ob du dich selbst ändern oder das Feld wechseln und in Resonanz mit einer neuen Umgebung gehen willst. Doch prüfe dich! Wer ständig wechselt, wird leicht immer wieder in die gleiche Falle tappen. Wer sich selbst nicht ändert, sondern die Lösung lediglich im Austausch etwa des Partners oder des Chefs sieht, wird dieselben Probleme auch in sein neues Feld mitnehmen. Ja, er wird sie noch deutlicher zu spüren bekommen.

Darüber kann man wütend sein oder dankbar. Wir selbst können die Augen verschließen, das Schicksal aber ist nicht blind. Es wird nicht nachgeben und uns die passenden Lektionen so lange servieren, bis wir sie wirklich gelernt haben.

Zwei Beispiele mögen das soeben Gesagte verdeutlichen. Durch die Scheidung meiner Eltern wurde ich unvermutet aus der norddeutschen Großstadt und einer Klasse, zu deren Sprecher ich gerade gewählt war, ins bayerische Dorf verpflanzt, in eine Schule mit allen acht Klassen in einem einzigen Raum. Nun war ich der Sau-Preiß und verstand die Welt nicht mehr und auch die Sprache kaum, wie auch mich fast niemand verstand. Zuerst war ich negativ verblüfft und ziemlich sauer und wollte zurück ins alte Feld, wo ich anerkannt war und meinen Platz hatte. Das aber ging nicht, meine Mutter hatte das Feld beziehungsweise den Mann gewechselt.

Beim Fußball durfte ich nicht mitspielen, also lernte ich Skifahren und fand darüber Aufnahme ins neue Feld. Statt Sau-Preiß war ich bald derjenige, der beim Skifahren gewann. Ich hatte mich verändert, hatte die Sprache verstehen und sprechen gelernt und einen dort sehr gefragten und anerkannten Sport.

Als ich nach 13 Jahren in deutschen Schulen in ein US-Elite-College kam, wo ich in wenigen Monaten mehr gelobt wurde als in den ganzen 13 Jahren davor, war ich positiv verblüfft. Und ich fragte mich zuerst, ob die das ernst meinten, und dann, was aus mir geworden wäre, wenn ich die ganze Zeit in einem so aufbauenden Feld hätte leben und lernen dürfen.

Dass es auch andersherum laufen kann, wenn man das Feld wechselt, mussten viele Deutsche erfahren, die in die Toskana auswanderten, weil sie die Ferien dort so toll gefunden und ausgiebig genossen hatten. Als Ansässige vor Ort mussten sie erfahren, dass Urlaub und Alltag zwei ganz verschiedene Paar Schuhe sind. Sie hatten ihr deutsches Feld nach Italien mitgebracht, und mit einem deutschen Feld lebt es sich dann doch am einfachsten in Deutschland. Immerhin können Singles mit ihrer größeren Unabhängigkeit und Flexibilität so einen Fehlversuch in der Regel besser wegstecken als Paare und Familien – sofern sie über die entsprechenden finanziellen Ressourcen verfügen. Also Vorsicht, wenn du das Feld wechselst. Übersieh nicht das Feld, das du in dir und um dich herum mitbringst.

In Partnerschaften wird immer noch viel Zeit damit vertan, den Partner ändern zu wollen. Ein von vornherein zum Scheitern verurteilter Versuch! Das funktioniert bei Männern sowieso nicht und bei Frauen nicht mehr oder nur scheinbar. Und selbst wenn es funktionierte, was sollte es bringen und nützen, außer dich an deiner eigenen Entwicklung zu hindern?

Unser Weg ergibt sich, während wir ihn gehen. Wenn wir ihn allein gehen, redet uns niemand hinein, weder was die Richtung noch die Geschwindigkeit angeht. Ob es damit entschiedener und sicherer auch wirklich unser eigener Weg ist, hängt selbst dann noch auch von der Qualität unseres eigenen Feldes ab. Sobald wir aber jenen Teil des Weges, der schon hinter uns liegt, im Sinne des ganzen Entwicklungsweges deuten können, wird der innere Kompass uns in der Spur halten – egal in welchen Lebensumständen.

Deutungsarbeit jedweder Art zu leisten erfordert Zeit und Muße, und umso mehr, wenn wir die Bedeutung dessen verstehen wollen, was wir tun oder lassen. Doch die Muße ist aus der Mode gekommen. Ja, selbst das Wort ist uns fast schon verloren gegangen, weil wir uns kaum noch Muße-Stunden gönnen. Früher war das die Zeit, in der wir nichts tun mussten, sondern *lassen* konnten, was wir wollten, die

Jungen nennen es heute »chillen«. Ebenjene Phasen der Ruhe und Einkehr, aber auch für Phantasie und Kreativität, die wir brauchen, damit uns die Muse küsst, wie es vielbedeutend heißt. Dann fliegen uns die Gedanken und Geistesblitze wie von selbst zu und Inspiration strömt in uns ein wie der Atem. Solche Momente, deren besondere Zeitqualität die Seele berührt und sie weit öffnen kann, sind in der Regel eingebettet in bewusstes Allein-Sein.

Man(n) stelle sich vor: Sie, als Gefühls-betonter Mensch, geht ganz in der Faszination eines glutvollen Sonnenaufgangs auf. Er dagegen, als emotionaler Typ, kommentiert schwärmerisch »eine der eindrucksvollsten Naturerscheinungen überhaupt«. An sich für beide kein Problem: Emotionen wollen raus! Er möchte und muss seinem Herzen Luft machen, und das ist gut für ihn. Gefühle bleiben dagegen gern drinnen. Beides ist also vollkommen in Ordnung, passt nur nicht so gut zusammen. Ganz für sich allein hätte der Gefühlsmensch die Augenblicke des Sonnenuntergangs besser genießen können – vorausgesetzt, er oder sie hätte keine Probleme, dabei allein zu sein. Anders der »Kopfmensch«, wenn wir ihn hier zur Verdeutlichung einmal so nennen wollen: Als Allein-Stehender würde er wohl mit der Herausforderung ringen, seine Gefühle wahr und wichtig zu nehmen, ohne sie verbal zu ventilieren. Auch die Chancen des Allein-Seins sind stets mit schönsten Lernaufgaben verbunden.

Frei- und Auszeiten sind ideal geeignet, um Hobbys zu pflegen. Für die Entfaltung deines kreativen Potentials sind sie unerlässlich. Es kommt überhaupt nicht darauf an, Spitzenleistungen auf einem Instrument oder mit dem Malpinsel zu erreichen. Jede Form kreativer Betätigung führt uns immer auch zu uns selbst.

Auch Kunst- und Kulturgenuss bieten sich als Möglichkeit an, den Kuss der Muse ins eigene Leben einzuladen. Singles müssen dann nicht einmal Geschmacks-Kompromisse eingehen, weil man sich nicht zusammen entscheiden muss, welches Konzert oder welche Ausstellung besucht werden soll.

Auf alle Fälle brauchen wir für ein erfülltes Leben auch die Lebensbühne, auf der Venus-Aphrodite residiert: Ästhetik und guter Geschmack, Balance und Harmonie, auch Frieden und Versöhnung sind ihre Domäne.

Meine Mutter war eine kunstsinnige, gebildete Frau mit ausgeprägtem Sinn für Kultur und feinem Geschmack, erst Mutter von uns vieren, dann Sonderschullehrerin aus Berufung und von ganzem Herzen. Sie hatte zwei Männer in ihr Leben gelassen, meinen Vater und seinen Nachfolger. Ein für sie folgenschwerer und oft beklagter Fehler, dem wir vier Geschwister allerdings unser Leben verdanken. Ihr erster Mann, mein Vater, nervte sie, weil er Singen mit seinen schlechten Erfahrungen in der Hitler-Jugend verband und es, wie eigentlich jede Art von Musik, fast komplett ignorierte. Mann Nummer zwei, Stiefvater, sang schon unter der Dusche am Morgen. Aber was sang er da? Nun ja, als Fan von Rudolf Schock, einer Art deutschem Albano Carisi, versuchte er sein Idol zu imitieren. Selbst wenn es gelungen wäre, hätte das meiner Mutter keineswegs imponiert, denn ihr eigenes Idol war Dietrich Fischer-Dieskau. Wenn der Schuberts Lieder sang, ging ihr Herz auf, aber es öffnete sich keinen Spalt für Rudolf Schock oder gar seinen Imitator. Das führte zu allerhand Auseinandersetzungen, denn meine Mutter war sich ihres guten Geschmacks sehr sicher und bei als richtig und wichtig Erkanntem nicht gerade kompromissfreudig. Das führte dazu, dass sie – übers ganze Leben gerechnet – viel zu wenige Konzerte und Opern erlebte. Wäre sie mit ihm mal in eine Operette gegangen, hätte er sich vielleicht auch mal zu einer Oper breitschlagen lassen. Statt jeweils eigene Wege in Sachen Musik zu gehen, ließ man es zusammen lieber ganz sein. Ein typisches Verzichts-Muster unter Partnern, die nur zur Beziehung, nicht aber zu sich selber zu stehen bereit sind.

Als ich ihr einmal eine Brücke bauen wollte und ihr ein von Luciano Pavarotti und Eric Clapton gemeinsam interpretiertes Lied vorspielte, hatte das nur den Effekt, dass sie den berühmten Tenor von ihrer Favoriten-Liste konsequent strich und den ebenso berühmten, aber ihr vordem völlig unbekannten Gitarristen weiterhin missbilligend ignorierte.

Als sie ihre zweite Scheidung aktiv durchgesetzt hatte, begann ihr eigentliches Leben, das sie endlich zusammen mit Dietrich-Fischer-Dieskau – natürlich auf Schallplatte, dafür aber beliebig verfügbar – sowie Kunst und Kultur nach ihrem Geschmack verbringen konnte, wobei sie sichtlich aufblühte.

Ein weiterer Aspirant und gebildeter Professor bekam keinerlei Chance mehr gegen den unglaublichen Charme der Unabhängigkeit. Nachdem sie einen Thyssen-Direktor und einen Generalstabs-Offizier überstanden hatte, wollte sie ihre Selbstständigkeit um nichts in der Welt für einen Professor aufgeben. Sie hatte ihren inneren Kompass gefunden, ihre erlöste Form des Allein-Seins. Ich bin nur froh, dass sie das erst nach unserer Geburt entdeckt hat …

Ein Wort zu Stress und Entspannung

Nichts versteht ein überanstrengter Mensch weniger, als zu leben.
SENECA

»Stress« ist die neue Erklärung der Schulmedizin für das meiste gesundheitliche Elend. Der allgegenwärtige Stress mag zur Erklärung für vielerlei Erkrankungen taugen, doch solange sich an seiner primären Ursache nichts ändert, so lange werden auch die Erkrankungen nicht weniger. Wer zuverlässig seine Chancen auf ein möglichst stressfreies Leben senken will, der sollte in den Fängen der Geld-Welt-Religion und der Ego-Besessenheit verbleiben. Auch wenn das Hohelied des Teamplayers gesungen wird, die Realität des Leistungsdenkens spricht eine andere Sprache. Heute gilt mehr denn je: »The winner takes it all.« Natürlich sind Erfolg und Selbstbestätigung als tiefe Sehnsucht in uns angelegt. Die Herausforderung, unabhängiger, stärker und selbstsicherer zu werden, beginnt allerdings bereits damit, sich selbst aushalten zu können und sich selbst genug zu sein. Wer diese Prüfung besteht, traut sich mehr zu und ist zu Recht stolz auf seine Leistung. Wir haben gesehen, dass wir schon als Kinder unbedingt genügend Gelegenheiten erhalten sollten, wichtige Schritte auf diesem Weg zu gehen. Nur dann können wir auch als Erwachsene an unseren Aufgaben weiter wachsen, ja, wir sollten sie suchen.

Wo aber beginnt der Stress? Ebendort, wo wir uns zu viel oder das Falsche zumuten. Eigentlich eine Binsenweisheit, und doch locken falsche Idole so viele Menschen erfolgreich in die Leistungsfalle. Statt Selbst-Sicherheit zu gewinnen, verlieren sie noch an Selbst-Bewusstsein.

Extremsportler Reinhold Messner suchte sich ständig wachsende Herausforderungen, die für normal Leistungsfähige nicht zur Nachahmung empfohlen sind. Sein Werdegang liefert trotzdem ein Vorbild, wie jeder Mensch seiner Sehnsucht folgen kann, etwas wirklich Eigenständiges und sogar Hervorragendes zu leisten, ohne sich selbst dabei zu verlieren. Messner gelang es als Erstem, alle Achttausender der Welt allein und ohne zusätzlichen Sauerstoff zu bezwingen. Als ihm in der Natur die Herausforderungen und wohl auch die Körperkräfte fürs Extrembergsteigen auszugehen begannen, fand er seine Berufung in Kultur und Politik. Dann hat er, als Virtuose des Alleingangs schlechthin, sogar noch geheiratet! Dürfen wir es als Zeichen deuten, dass auch er verstanden hat, dass unsere größten Abenteuer in unseren Herzen auf uns warten? Auf jeden Fall liefert der Mann ein exemplarisches Beispiel für jene Kreativität des Lebens, die uns allen in die Wiege gelegt ist, deren Quelle aber auch nur von uns selbst zum Sprudeln gebracht werden kann.

Stress ist, genauso wie Einsamkeit, immer auch subjektiv. Stress entsteht dann, wenn wir seelisch leiden. Nicht immer, aber sehr oft, sind wir gestresst, wenn wir an etwas scheitern. Wären wir nicht in den Fängen des Leistungsdenkens, hätten wir dann aber keinen Stress, sondern würden durch Scheitern gescheiter. Wer aus Fehlern Fehlendes lernt, der darf auch fallen und ist dennoch gut unterwegs. Dazu Literatur-Nobelpreisträger Samuel Beckett: »Ever tried. Ever failed. No matter. Fail again. Fail better.« (Immer versucht. Immer gescheitert. Egal. Scheitere erneut. Scheitere besser.)

Die Menschen auf Zypern haben dafür den aufmunternden Spruch: »Kalo risiko«, was nicht nur so viel wie »viel Glück« bedeutet, sondern – unschwer zu erkennen – auch »Wer viel wagt, der viel gewinnt«. Naturgemäß kann Scheitern aber nur weiterbringen, wenn wir es gut verarbeiten – und verstehen, dass wir uns nicht zu schämen brauchen.

Je mehr du darauf verzichtest, Spiele mitzuspielen, die doch nur auf die Anerkennung durch andere hinauslaufen, desto weniger wird dir ein Scheitern ausmachen. Es ist ausgesprochen Entwicklungs-fördernd, an seinen Herausforderungen auch mal zu scheitern. Es muss deine Selbstsicherheit keineswegs schmälern, sondern kann sie im Gegenteil weiter wachsen lassen. In der Folge leistest du mehr und hast doch weniger Stress! Selbst deine Misserfolge kannst du mit Humor nehmen und wirst insgesamt witziger, was nicht nur beim anderen Geschlecht sehr gut ankommt. Erfolg führt zu immer mehr Erfolg, dafür sorgt schon das Gesetz der Resonanz. Das Geheimnis liegt im Anfang: in dir selbst und nur in dir selbst.

Wer Stress sagt, denkt *Entspannung* mit – als Ausgleich. Das ist auch gut so, denn mit Eliminierung überwältigender Herausforderungen allein ist es nicht getan. Unser Leben ist an sich schon überwältigend, und keineswegs im willkommenen Sinn, wie der moderne Alltag auch ohne unser Zutun zur Zumutung wird. Entspannung ist der erlöste Gegenpol von Stress, ideal zur Regeneration und von entscheidender Bedeutung für Heilungsprozesse. Deshalb erscheint es mir sinnvoll, anhand einer klassischen Meditationsmethode darzulegen, was Entspannung im tiefsten und umfassendsten Sinn bedeutet, und zwar im Hinblick sowohl auf die körperliche als auch die geistige und seelische Ebene.

Wie fast alle Meditationsübungen wird Za-Zen-Sitzmeditation unter Anleitung eines Meisters oder Lehrers eingeübt, grundsätzlich und wesentlich aber vom Übenden ganz für sich allein praktiziert. Bis der Körper sich in den vorgegebenen Sitz fügt und seine Widerstände loslässt, ist ein bestimmter Prozess zu durchlaufen, der allerdings in wenigen Tagen zu schaffen ist. Erst muss man sitzen, dann soll man, schließlich will man, und dann kann man plötzlich und endlich darf man ... und schlussendlich sitzt es. Die Entspannung, die der Organismus so ganz aus sich allein erfährt, ist einfach wundervoll und verhilft zum nächsten Schritt: der Seele zu erlauben, von ihren Emotionen und Gefühlen allmählich loszulassen. Das kann – je nach Ausgangslage – Wochen dauern. Wer körperlich und seelisch entspannen kann, ist gleichwohl noch für lange Zeit seinen tobenden Gedanken ausgesetzt, die sich – wie Zen-Praktizierende sagen – wie Affen auf den Bäumen aufführen. Aber da die Entspannung vom Körper mit der Zeit auch aufs Gehirn übergreift, können sich die Gedanken – allerdings eher über Jahre hinweg – beruhigen und beglückende Erfahrungen der Stille ermöglichen. In solchen

Momenten, ganz in unserer Mitte ruhend, können wir wirkliche Einheit erfahren und neben Urvertrauen auch Lebensenergie (nach) tanken. Solche »Satori-Erfahrungen« sind auf geradezu göttliche Weise bereichernd. Auch wenn sie – wie bei mir – immer wieder vergehen, hinterlassen sie doch eine dankbar als Geschenk angenommene geistige und körperliche Frische. Die bei regelmäßigem Üben eintretende, spürbare Verbesserung der Fähigkeit zu stiller *Konzentration* ist insbesondere bei geistiger Arbeit unersetzlich.

Die regelmäßige, tiefe Erfahrung unseres eigentlichen Wesens macht uns auch jene innere Haltung zum Geschenk, um die uns unsere gehetzten Zeitgenossen am meisten beneiden werden: *Gelassenheit*. Wenn es schon nicht im Außen möglich ist, erlangen wir doch immerhin im eigenen Inneren eine ungekannte Unabhängigkeit von den Erwartungen anderer an uns. Auch Politik und Ansprüche der Gesellschaft relativieren sich auf ganz natürliche, sehr angenehme Art und Weise. Während unserer stillen Zeiten entwickeln wir eine spirituell hochgeschätzte Haltung: das Zeugen-Bewusstsein, also die Fähigkeit reiner, urteilsfreier Beobachtung. Dann offenbaren sich unsere wahren Bedürfnisse, unsere tiefsten Wünsche und unsere einzigartige Gabe zur glückseligen Erfahrung der erlösten Leere oder großen Befreiung.

Jede Erfahrung tiefer Entspannung, bei der wir ganz bei uns selbst sind, führt in diese Richtung. Der rascheste Weg zu tiefster Entspannung ist – nach meinen Erfahrungen – der »verbundene Atem«, der uns nach einer regelrechten Überschwemmung mit Lebensenergie (Prana) und entsprechenden Höhepunkten ins tiefste Tal der Entspannung sinken lässt.

Auch nach einem tiefen Orgasmus am Ende eines langen und erfüllenden Liebesfestes erleben wir diese tiefe Entspannung, verbunden mit dem Partner.

Auch schon eine *Tiefen-Entspannung* die anfangs »nur« in Bereiche der Alpha-Gehirnwellen-Muster trägt, wie etwa bei »geführten Meditationen«, hinterlässt oft Geschenke tiefer innerer Ruhe. Mit der Zeit wird damit Trancetiefe möglich, die sich durch Theta-Wellen des Gehirns auszeichnet.

Wer sich regelmäßig und erfolgreich entspannen will, muss seine bevorzugte Übung in eine gezielt gesetzte Phase des Innehaltens im persönlichen Alltag einbetten. Dann kommen erstaunliche, positive Effekte auf die Gesundheit in Reichweite. Auch die Schulmedizin anerkennt, dass Me-time oder Ich-Zeit vorbeugende Medizin bezüglich Stimmungslöchern und damit letztlich sogar leichteren Formen der Depression sein kann.

Nicht zuletzt, was unsere *Lebens-Kreativität* – im Sinne eines schöpferischen Angehens jedweder Herausforderung – angeht, ist eine grundentspannte Haltung eine nicht zu verachtende Ressource.

Wegleitung zum Tanz mit dem Leben

*Wo immer der Tanzende mit dem Fuß auftritt, da entspringt
dem Staub ein Quell des Lebens.*

RUMI

Auch wenn der große persische Dichter mit diesem Wort ganz wörtlich die *Sema*-Tänzer seines Mevlana-Ordens der Sufi-Gemeinschaft meint, so dürfen wir die Botschaft auch im erweiterten Sinn verstehen und direkt auf uns selbst beziehen. Richard Alpert respektive Ram Dass jedenfalls setzte sie um. Denn wer es vom verkopften Harvard-Professor zum hochverehrten Weisheitslehrer bringt, der hat sich wohl wirklich den Staub des fremdbestimmten Lebens aus den Kleidern geschüttelt und darf sagen: »Alles Leben ist Tanz.«

Von einem sehr berührenden Beispiel, wie der Absprung vom Immer-nur-Durchhalten und Einfach-nur-Weiterfunktionieren geschafft wurde, berichtete mir der ehemalige Radiologe und Pionier der Psychoonkologie, Carl Simonton. Eine Krebsdiagnose, hatte einem seiner Patienten nur noch wenig Lebenszeit gelassen. Die niederschmetternde Nachricht wurde für ihn zum Wendepunkt, man ist versucht zu sagen, zum springenden Punkt in ganz besonderem Sinn: Er nahm seinen Absprung – spontan, sofort und radikal. Ohne je wieder an seinen ungeliebten Arbeitsplatz in der ungeliebten Firma zurückzukehren, nahm er schnurstracks den Weg in eine Videothek und holte sich alle verfügbaren Filme seines Lieblingskomikers Buster Keaton. Dann legte er sich ins Bett, und statt sich im buchstäblichen Sinn tot zu lachen, holte er sich lachend zurück ins Leben. Monate später, als das vom Schulmediziner anberaumte »Ablauf-Datum« schon längst überschritten war, dämmerte ihm erst so richtig, was passiert war: Er lebte immer noch – und sogar ziemlich gut! Er ließ sich neuerlich untersuchen, und siehe da: Der Tumor war restlos verschwunden und hatte keinerlei Spuren in Form von Metastasen hinterlassen. *Das sei nicht konkret, aber im tiefsten und übertragenen Sinne zur Nachahmung empfohlen.*

Was ist eigentlich ein erfülltes Leben? Was macht es aus? Nach Sigmund Freud geht es »nur« darum, liebes- und arbeitsfähig zu sein. Wobei in den »entwickelten Gesellschaften« selbst diese bescheidene Zielsetzung quer durch die Schichten ein Traum bleibt – für einen Leiharbeiter mit ständig wechselnden Jobs und gewohnheitsmäßig in Kurzarbeit mal hier mal dort ebenso wie für die erfolgsverwöhnte Managerin, die ihre weibliche Natur ins Korsett männlichen Leistungswillens zwängt. Ein kaputtes Beziehungsleben gehört für ihn wie für sie fast schon selbstverständlich mit dazu. Und wohin beider Weg führt, ist vorgezeichnet: in Entwurzelung und in Einsamkeit. Das Rattenrennen produziert im Grunde nur Verlierer, selbst wenn man der oder die Reichste auf dem Friedhof wird.

Auf den US-Sozialpsychologen Shalom Schwartz geht ein Modell zehn universeller menschlicher Werte zurück, die alle Menschen teilen müssten. Es wurde von zwölf Forschern durch Erhebungen in 20 Ländern fortentwickelt und auf 19 Werte aufgestockt. Die zehn höchstgeschätzten Werte wollen wir uns hier ansehen.

10 Sicherheit durch gute Regierung – neudeutsch *good governance*
9   Sicherheit durch Stabilität des Milieus und der Beziehungen
8   Ansehen
7   Ressourcenkontrolle, freie Verfügung über Geld- und Sachmittel
6   Macht und Einfluss
5   Erfolg
4   Lebensgenuss, Vergnügen
3   herausragende Erlebnisse, Gipfelerfahrungen
2   Unabhängigkeit
1   Selbstbestimmung

Das Ergebnis der Erhebungen lässt selbstverständlich Spielraum für Interpretationen. Eindeutig aber rangieren ganz oben gleich vier Werte, die nur dem Selbstverständnis der Befragten und nicht auch ihrer Wahrnehmung der Einschätzung anderer über sie unterliegen. Was doch bestätigt, dass die wahre Quelle unseres Glücks letztlich in uns selbst liegt, in unserer Selbst-Wahrnehmung und unserem Verhältnis zu uns selbst.

Unabhängigkeit und Selbstständigkeit nehmen auch im Sinne der hier vorgetragenen Gedanken eine Spitzenstellung ein, mit Betonung auf deren unerlässliche mentale und seelische Voraussetzungen – auch zur Gewinnung äußerer Unabhängigkeit und Selbstständigkeit.

Die Psychologin Bella DePaulo von der University of California, Santa Barbara, gehört zu den ForscherInnen, die sich der Ergründung der Ursachen und Folgen von Einsamkeit widmen. Sie durchforstete nicht weniger als 814 einschlägige Studien und stellte fest: Untersuchungen, bei denen Singles im Mittelpunkt stehen, sind auffällig selten. Allein lebende Personen finden bisher bevorzugt lediglich als Vergleichsgruppe zur Analyse der Befindlichkeiten von Ehepaaren statt.

DePaulo begnügte sich nicht mit dieser Feststellung, sondern stellte ihren eigenen Forschungsschwerpunkt um. Ihrer Ansicht nach ist es überfällig, das immer noch negativ getönte Bild von Singles zu korrigieren. Ihre Ergebnisse räumen mit dem verbreiteten Vorurteil auf, allein lebende Menschen wären leichte Opfer ihrer Lebensumstände. Ganz im Gegenteil. Sie bescheinigt ihnen Entscheidungsfähigkeit, seelische Stabilität und eine ausgeprägte Problemlösungskompetenz. Sie führt dies auf die speziellen Herausforderungen zurück, die ihre Lebensform mit sich bringt. Dass sie sogar häufiger als Eheleute angeben, Zufriedenheit mit ihrem Leben zu empfinden, beruhe keineswegs auf tröstlicher Selbsttäuschung, sondern sei mit Fakten belegbar. Singles legten besonderen Wert auf sinnstiftende Berufe und seien auf mehreren sozialen Ebenen gut vernetzt.

In Vergleichsstudien zwischen Alleinstehenden und Eheleuten hat die Forscherin zudem festgestellt: Selbstbestimmung hat bei

Ersteren einen höheren Stellenwert, und die Entwicklung der eigenen Persönlichkeit steht bei ihnen höher im Kurs.

Hier geht es wie gesagt nicht darum, die Überlegenheit der einen über die andere Lebensweise belegen zu wollen. Es ist einfach an der Zeit, das verbreitete Vorurteil hinter sich zu lassen, allein lebende Menschen seien »schlechter dran« als solche in Partnerschaft. Ganz im Gegenteil. Die Annahme ist irrig, schon aufgrund der sich in einem freien, entwickelten Land zur Entfaltung individueller Lebensziele (noch) bietenden Chancen. Unterm Strich belegt DePaulo, dass die stetig wachsende Bevölkerungsgruppe der Singles das Leben besonders motiviert in die eigene Hand nimmt und es aktiv im eigenen Sinn zu gestalten sucht.

Schon unsere Sprache macht auch hier wieder so einiges deutlich: *Gebunden* kann »positiv verbunden« bedeuten, aber auch »eingeschränkt« oder gar »gefesselt«. Auch das Wort fest hat zwei Seiten, kann es doch »verlässlich« und »fest« im Sinne von sicher bedeuten, aber eben auch »verfestigt«, »unflexibel« und sogar »festgefahren«. In solchen Doppelbedeutungen scheint die zugrunde liegende Polarität im Wesen unseres Beziehungslebens durch. Denn nicht nur die Partnerschaft ist eine Beziehungsform, sondern auch das Allein-Sein, Letzteres keineswegs nur in Beziehung zum Rest der Gesellschaft, sondern auch und vor allem als Beziehung mit und zu sich selbst.

Im »Gleichnis vom Tanz« trifft Friedrich Nietzsche die Aussage, wahrhaft hohe Kultur werde nur möglich, wenn sie kraftvollem, geschmeidigem Tanze ähnele. Mit dem Leben zu tanzen, statt zu ringen und zu kämpfen, ist die stille Sehnsucht eines jeden Menschen.

Hohe Schule der Lebenskunst, wenn man so will. Ein großes Ziel, gewiss, aber nicht unerreichbar. Sonst wären die Traditionen und Religionen dieser Welt sich nicht einig im Wesen des Ziels, auch wenn die einen von der Kommunion mit dem Göttlichen, die anderen vom Eintauchen in die Zeitlosigkeit der Einheit sprechen. Machen wir uns also daran, in aller (Un-)Bescheidenheit einen Weg zu beschreiben, wie er für aufgeschlossene, entwicklungsbereite Menschen der heutigen Zeit aussehen könnte. Auch, indem wir uns aus dem Angebot der spirituellen Ökumene ohne falsche Scham freizügig bedienen.

Aus buddhistischer Sicht gibt es so viele Wege wie Suchende. Buddhismus ist im Kern Lebensphilosophie und dank der Betonung auf Verinnerlichung und Bewusstseinsentwicklung attraktiv für westliche Menschen, die mit den erstarrten Institution Kirche nichts mehr anfangen können und wollen. Deutungsangebote zur Selbsterforschung sowie praktische Anregungen für den eigenen Weg, aus buddhistischen Quellen gespeist, fließen in das vorliegende Buch mit ein.

Wegleitungen, wie sie Christus seinen Nachfolgern mitgab, sind ausführlich zur Sprache gekommen. An dieser Stelle bedarf es nur noch des Hinweises auf die herausragende Bedeutung der Liebe, gerade auch der Selbstliebe als Grundlage zur Beschreitung des christlichen Wegs.

Mit den Mitteln der westlichen spirituellen Philosophie, die nichts weniger als die Essenz aller Religionen im Auge hat, können wir den Weg zum Heil recht gut skizzieren. Als Frau oder Mann geboren, wird uns nicht nur unser eigenes Geschlecht, sondern spätes-

tens ab der Lebensmitte auch der jeweilige Gegenpol z
lungsaufgabe. C. G. Jung rät der Frau, sich der Verwirk
Animus als männlichen Seelenteils, und dem Mann, sich
als weiblichem Seelenteil zu widmen. Nach dem Polarität
es, sowohl das eigene Geschlecht als auch den Gegenpol ⸺ ᴋᴏⁿᵗ-
ruktiver Weise zu erlösen.

Um die »Welt der zehntausend Dinge«, wie die alten Taoisten die Vielheit aller Erscheinungsformen nannten, zu erfassen, können wir auf die Kosmologie der Hermetisk zurückgreifen. Das ist weniger kompliziert, als es klingt, weil deren Grundfesten bis heute im gefühlten Weltbild weiterleben und nach wie vor in unserem Kulturkreis auf Anhieb verstanden werden. Wir stoßen dort auf eine Differenzierung in die vier Elemente und ihre je drei Entwicklungsstufen, um zum Zwölfer-System der Ur- oder Lebensprinzipien zu gelangen. Ist jede dieser zwölf Lebensbühnen, wie ich sie gern nenne, von ihrer destruktiven zur konstruktiven Seite hin erlöst, lässt sich frei und ausgelassen auf allen zwölf Ebenen tanzen und ein erfülltes Leben verwirklichen.

Auf allen zwölf Lebensbühnen tanzen

Wenn wir die Spielregeln des Lebens beherzigen, die wir als *Schicksalsgesetze* bereits kennenlernten, können wir auf allen zwölf Lebensbühnen (aus-)gelassen tanzen. Es erfordert, unseren weiblichen und männlichen Teil, Anima und Animus oder Yin und Yang, von der destruktiv-unerlösten zur konstruktiv-erlösten Seite zu entwickeln und uns mit allen vier Elementen auszusöhnen. Aus dem Yin lassen sich die archetypisch weiblichen Elemente Wasser und Erde herleiten, aus dem Yang die entsprechenden männlichen Feuer und Luft.

Jedes Element lässt sich wiederum in drei Entwicklungsschritte unterteilen: die kardinale Kraft des Anfangs, beim Feuerelement etwa das lodernde Feuer und die Aggression, die mittlere oder fixe Ausprägung der aus ihrer Mitte strahlenden Sonnenkraft und die letzte, die labile Stufe, die innere Glut und Begeisterung des jovischen Feuers. Auf diese Weise ergeben sich aus vier Elementen und jeweils drei Entwicklungsstufen die zwölf Ur- oder Lebensprinzipien beziehungsweise Lebensbühnen. Wer jedes einzelne dieser zwölf Prinzipien von der destruktiven zur konstruktiven Seite hin entwickelt, kann auf allen Bühnen des Lebens tanzen. Das heißt, er kann das Leben in all seinen Möglichkeiten und seiner ganzen Fülle leben, dieses Glück genießen und überdies noch andere damit anstecken. Denn tatsächlich sind nicht nur Krankheitsbilder ansteckend, sondern auch Gesundheit und Glück!

Dieses Ziel zu erreichen, setzt voraus, sich aus der Einsamkeit zu (er)lösen und zu erlernen, mit sich selbst glücklich zu sein, als erster Stufe auf dem Weg zu sich selbst. Erst wer mit sich selbst allein glücklich ist, kann es auch mit anderen werden.

Heute unterschätzen wir die Freundschaftsliebe, von den

Griechen der Antike Philia genannt, leider sehr. Nach gut 40 Arztjahren kann ich rückblickend sagen: Ein bester Freund oder eine beste Freundin ist ein recht sicherer Schutz vor Burn- und Bore-out. Ein(e) Seelenvertraute(r), mit der oder dem sich alles besprechen lässt, ist in vieler Hinsicht wichtiger und wertvoller als ein guter Psychotherapeut für Notfälle. Selbstverständlich wäre beides ideal, aber viele haben keines von beidem und leiden darunter, ohne sich dessen bewusst zu sein. Gestalt-Therapeut Erving Polster sagte so treffend: »Psychotherapie ist zu schade, um Kranken vorbehalten zu bleiben.« Sie bleibt heute aber im Allgemeinen nicht einmal allen, sondern nur den wenigsten Kranken vorbehalten, während beste Freunde auch schon im noch halbwegs gesunden Zustand unterstützen, anregen und raten können.

Um es nochmals zu sagen: Die Liebesfähigkeit muss im Leben Alleinstehender selbst bei sexueller Enthaltsamkeit kein Mauerblümchendasein fristen. Genießen sie doch – wie gezeigt – bei der Freundschaftsliebe Philia einen Startvorteil und bezüglich der Gottesliebe Agape erst recht.

Zu guter Letzt kommt noch eine dritte Dimension hinzu. Der Kreis, der sich in einem erfüllten Leben schließt, ist tatsächlich keiner, sondern eine Entwicklungsspirale, die sich aus der Ebene der Zweidimensionalität erhebt und sich nach oben hin zum Höhe-Punkt verjüngt. Wir können es uns als Kegel vorstellen oder wie ein Megaphon, durch das uns das

Schicksal von oben, gleichsam aus einer anderen Dimension, dem übergeordneten Zentrum, der Mitte oder Einheit, anspricht. Wir kommen diesem (Mittel-)Punkt von unten entgegen, schrauben uns gleichsam Umdrehung für Umdrehung immer höher, sodass sich die Gegensatzpaare der 180 Grad gegenüberliegenden Ur- oder Lebensprinzipien immer näher kommen, bis sie am Ende an der Spitze im Mittelpunkt in eins zusammenfallen und allumfassende Einheit erreicht ist.

Soweit das Ziel und die Wegbeschreibung. Solange allerdings jene 80 Prozent der deutschsprachigen Angestellten, die unglücklich mit ihrem Job sind, im Hamsterrad entfremdeter Arbeit gefangen bleiben, wird für sie der eine Grundpfeiler eines glücklichen Lebens morsch bleiben. Wie viele sich in eine ungeliebte Beziehung verheddert haben, hat noch keine Untersuchung festgestellt, aber nach über 40 Jahren Beratungen würde ich persönlich da kaum erfreulichere Ergebnisse erwarten.

Aus der einen oder der anderen Falle auszusteigen ist nicht das Ende des Lebens, sondern sein eigentlicher Beginn! Das Leben hat so viel mehr zu bieten, als Tag für Tag die gleichen Runden in der immer gleichen Tretmühle zu drehen und sich *schlussendlich* zu wundern, wo die Zeit geblieben ist. Tatsächlich rast sie uns im Alltags-Trott davon.

Zwei Tests, um herauszufinden, wie es um dich steht

Antworte schriftlich. Aber spontan und ohne große Überlegung.

Status-quo-Test einfach
Liebst du die Arbeit, die du tust?
Lebst du an dem Ort, den du liebst?
Liebst du den Menschen mit dem du lebst? Dich selbst, mit
    dem du auf alle Fälle lebst?
Könntest du jetzt sterben, ohne etwas versäumt zu haben?

Status-quo-Test ausführlich
1. Lebst du deinen (Lebens-)Traum? Was ist/könnte er sein?
2. Fühlst du dich gesund und wohl? Woran fehlt es dir?
3. Machst du, was du von dir erwartest oder was andere erwarten? Wenn ja, was?
4. Beginnst du deine Woche mit Lust und gutem Gefühl? Und jede neue Jahreszeit, das jeweilige neue Jahr? Woran liegt das?
5. Schläfst du gut, tief und genug? Bist du morgens wach und auf weiteres Erwachen eingestellt? Woran liegt das?
6. Fühlst du dich entspannt und gelassen – beim Rückblick wie in der Vorausschau? Was fehlt noch?
7. Wirst du den Anforderungen, die du oder andere an dich stellen, gerecht? Sind sie gerecht? Nenne ein paar konkrete Beispiele.

Es geht um nichts weniger als unser Leben. Also um alles – aber sicher nicht alles auf einmal. »Kalo risiko!« Vergessen wir nicht die Risiken des Aus- und Umstiegs. Wer dafür ganz offen ist, seinen persönlichen springenden Punkt erkennt und es vor sich selbst verantworten kann, mag spontan abspringen. Doch alle können sicher sein: Der Weg ist immer und vor allem anderen ein innerer Weg und der Quell des bewussten, erfüllten Lebens liegt in uns selbst.

DRITTER TEIL

Geh deinem Glück entgegen – jeden Tag

Beginne jetzt!

Wer hohe Türme bauen will,
muss lange beim Fundament verweilen.
ARISTOTELES

Egal, wohin ich mich tragen lasse in dieser Welt: In meinem Innersten, in meiner Mitte, da bin immer ich, und so bleibt es ein Leben lang. Das ist eine einfache, unerschütterliche Tatsache. Es muss dann doch auch eine Möglichkeit geben, dass ich *glücklich mit mir selbst* werde!

Einsamkeit kann nur entstehen, wenn wir vor uns selbst fliehen, statt uns so anzunehmen, wie wir im Inneren sind. Wer im Außen nach dem Glück sucht, ohne sich selbst gefunden zu haben, wird sich immer wieder einsam fühlen.

Der Humorist Karl Valentin bemerkte mit bitterer Ironie: »Ich bin dann mal in mich gegangen. War auch nichts los.« Immerhin ist er wohl weit genug gekommen, um da überhaupt etwas zu spüren, wenn auch nur eine große Leere, eine Art »schwarzes Loch«. Der traurige Clown ist ein feststehendes Bild, das tief in die Abgründe unserer Gesellschaft blicken lässt. Dabei können wir nochmals tiefer gehen, bis dorthin, wo uns nicht Dunkelheit, sondern Licht umfängt. In unserem Inneren, da ist in Wirklichkeit eine Menge los, da bist du zuhause und kannst dir selbst begegnen!

Die Zeit, all das Gute in dir zu entdecken, ist gekommen. Jetzt. Beginne mit einer einzigen Minute und in ganz einfachen Schritten.

Übung

Schritt 1: Nicht weglaufen! Bleib sitzen, schließ die Augen und horche in dich hinein. Erwarte nichts. Tu es einfach.

Schritt 2: Fühle, dass du lebst, atmest, wach bist, dich jetzt still hältst und all das ganz allein ohne fremde Hilfe kannst.

Schritt 3: Fühle das Gefühl des Allein-Seins und nimm es so hin, wie du es fühlst, ob angenehm oder unangenehm, ruhig oder unruhig.

Wenn du das öfter übst, wirst du eine äußerst wertvolle Erfahrung machen. Wir nennen sie hier das *bewusste* Allein-Sein. Der unverwechselbare Geschmack von Freiheit. Wenn du mehr haben willst als nur einen Geschmack, und möglichst auch in den (Un-)Tiefen des schnöden Alltags, dann kannst du mit einiger Übung diese drei Schritte in jeder beliebigen Situation gehen. Und ja, es funktioniert auch mit geöffneten Augen.

Damit bist du auf bestem Wege, um das sogenannte Zeugen-Bewusstsein zu entwickeln, einfach ausgedrückt: die Fähigkeit, dir selbst zuzuschauen, und wirklich nur hinzuschauen, ohne inneren Kommentar. Es ist tatsächlich gleichzeitig ein Schritt über dich selbst hinaus und auf dich selbst zu. Übst du dich regelmäßig darin, baust du an einem festen Fundament für dein tägliches Glück.

Übung

Emahó, ein indigener Nordamerikaner und spiritueller Lehrer, empfiehlt als Übung zur Relativierung schmerzlicher Empfindungen, in Gedanken schrittweise weiter und weiter über sich selbst hinauszugehen und sich schließlich vom Weltraum her zu betrachten.

Ordnung ins eigene Leben bringen

Ordnung ohne Liebe macht kleinlich
LAOTSE

Der klassische Ort einer perfekten Ordnung ist der in einem Kloster beheimatete Orden. Dort tritt man ein auf der Suche nach innerer Ordnung, denn im Kloster ist bereits äußere Ordnung verwirklicht. Das Kloster-Prinzip folgt dem Resonanzgesetz insofern, als dass innen immer auch wie außen ist. Die Ordensregel regelt und ordnet den Tag, und so wird jeder Tag zu einem Ritual. Bewusste Rituale sind der Gegenpol zu unbewussten Routinen. Klosterleben, das in Routine erstarrt, wird folglich sinnlos. Das Leben ist aus ihm entwichen, und die Chance auf Befreiung, Erleuchtung und das Himmelreich Gottes geht gegen null.

Ich schätze mich glücklich, Bruder David Steindl-Rast zu kennen. Zurückgekehrt in seinen Orden und mit über 90 Jahren noch aktiv, blickt er auf ein langes, gesegnetes Leben als Solist spiritueller Lebenskunst zurück. Ein Mensch wie er ist auch ein Segen für die Welt. Sprechend und schreibend – vor allem aber *seiend* – hat er so vielen Menschen auf die Sprünge geholfen und ein Zeichen tätiger Liebe gesetzt.

Der Weg über ein klassisches Klosterleben, um glücklich mit mir selbst zu werden, hat zwar an Popularität verloren, steht aber weiter offen. Wir streifen das Thema hier, um die gegenseitige Befruchtung von innerer und äußerer Ordnung nochmals zu verdeutlichen.

Das Körperhaus

Wer die Welt in Ordnung bringen will,
gehe zuerst durchs eigene Haus.
CHINESISCHES SPRICHWORT

Da aller Anfang immer in uns selbst liegt, möchte ich das so treffliche Wort noch etwas erweitern. Wie wäre es, zuerst dein eigenes Körper-Haus zu ordnen, das Haus deiner Seele und ihr Spiegel? Ist das geschehen, färbt die neue Ordnung vom Körper auf die Seele ab. So sagte Theresa von Avila: »Lasst uns gut sein zum Körper, damit die Seele gern darin wohne.«

Was damit gemeint ist, kann und muss sich auf den verschiedensten Ebenen ausdrücken. Wir sitzen beim Meditieren idealerweise im Lotussitz wie der Gautama Buddha, damit diese äußere perfekt ausgewogene Form auf den Inhalt, unsere Seele, abfärben möge. Wer das aber nicht (mehr) schafft, ohne sich Gewalt anzutun, darf sich getrost eine bequemere Haltung aussuchen. Hauptsache, »es sitzt« – in dem Sinn, wie bei der Zen-Meditation erläutert. Gehen wir, um es ganz deutlich zu machen, noch einen Schritt weiter, in Richtung Alltag: Wer sich Dauerwellen legen lässt, will mit diesen künstlichen Locken verlocken und hofft, dadurch insgesamt verlockender zu werden. Und warum nicht? Es ist nichts dabei und gut möglich, am besten im Rahmen eines bewussten Rituals. Als unbewusste Routine bringt es innerlich gar nichts, weckt im Außen womöglich nur falsche Erwartungen und erzeugt letztlich Frust.

Alles, was du als vollbewusstes Ritual begreifst, hilft nicht nur deinem Körperhaus und deiner Seele, sondern auch deinem »Feld«: der Familie, den Freunden, dem Dorf, der Stadt, dem Land, sogar der Welt – weit mehr, als du vielleicht glaubst. Jede gemeisterte Aufgab bringt weitere Kraft hervor, und dein Körper wird dir beistehen, indem er die Neurotransmitter und Hormone zur Verfügung stellt, die du für große Herausforderungen brauchst. Trau dir etwas zu, und du wirst staunen, was dir möglich ist.

Bringst du durch *Fasten* wieder Grund-Ordnung in dein Körperhaus, wirkt das umso mehr auf Geist und Seele. Eine harmonische Leichtigkeit und kristallene Klarheit durchdringt deine Gedanken- und Gefühlswelt, wenn dann auch der Geist mit Meditation geklärt und zur Ruhe gebracht wird.

Eine langjährige Teilnehmerin meiner Fasten-Seminare kündigte immer wieder an, ihren Mann zu schicken, weil sie an ihm so viel Reparatur-Bedarf feststellte. Irgendwann war es so weit. Ich hatte sie gebeten, an diesem »Fasten – Schweigen – Meditieren« selbst nicht teilzunehmen, um ihrem Mann eine faire Chance zu geben, was sie schließlich akzeptierte, wenn auch widerwillig. Ihre Telefonate und Mails mit Anweisungen, wie mit ihm zu verfahren sei, um ihn zu dem Mann zu formen, den sie sich wünschte, musste ich dann aber doch ignorieren. Der Ehemann – ein Paradebeispiel an Gebundenheit – kämpfte sich wacker durch den Kurs, der seiner Konsequenz und Strenge wegen eigentlich gar nicht zum Einstieg ins Fasten gedacht ist. Einen Tag danach rief seine Frau mich ganz aufgeregt an: »Was hast du getan, wie hast du das geschafft?« Ich konnte ihr guten Gewissens antworten: »Ich habe gar nichts geschafft, er hat sein Fasten, das Schweigen und die Meditationsübungen geschafft. Das ist alles.«

Tatsächlich war er nach zehn Tagen intensivster Selbst-Erfahrung nach Hause gekommen, um sofort seinen Schreibtisch aufzuräumen: etwas, das sie bei ihm nicht durch jahrelange intensive Bearbeitung erreicht hatte. Anschließend unterzog er noch das gesamte Arbeitszimmer und sogar seinen Werk- und Hobbyraum einer Generalüberholung. Dazu war keinerlei Psychotherapie, nicht mal ein Hinweis nötig. Er hatte sich innerlich so geordnet, dass er – endlich, aus ihrer Sicht – das Bedürfnis verspürte, auch sein äußeres Chaos zu ordnen.

Das Wohnhaus

Die Basis einer gesunden Ordnung ist ein großer Papierkorb.
KURT TUCHOLSKY

Um Ordnung zu wahren, am besten gleich auf verschiedenen Ebenen, werden die unterschiedlichsten Tipps und Tricks empfohlen. Selbst von Natur aus nicht eben außerordentlich ordentlich, bin ich da ziemlich skeptisch. Am wenigsten brachte das Hinausreden auf Einstein, der sinngemäß gesagt haben soll, geniale Menschen sind selten ordentlich und ordentliche selten genial. Ob das wirklich von ihm ist, kann ich nicht beurteilen, wohl aber, dass es für mich nur eine Ausrede war, die ich nicht guten Gewissens weiterempfehlen kann.

Dabei ist sie doch so einfach, die Goldene Regel der häuslichen Ordnung: Weniger ist mehr! Dieser Grundsatz des Fastens hat mir sehr geholfen.

Nicht immer, aber oft geben Menschen, die sich bewusst fürs Allein-Sein entschieden haben, ein gutes Beispiel. Sie tun sich naturgemäß leichter damit, die notwendige Geradlinigkeit an den Tag zu legen. Wer allein lebt, entscheidet zum Beispiel sogar allein darüber, was Kunst ist und was wegkann. Partnern, aber nicht nur ihnen, sondern allen, die da so ihre Probleme haben, sei Christof Herrmanns Buch »Das Minimalismus-Projekt« empfohlen. Er rechnet uns vor, dass wir bis zu neun Gegenstände pro Tag verlegen und mit der Suche danach – über das ganze Leben gerechnet – insgesamt drei ganze Jahre verbringen, besser: verschwenden. Als Belohnung für einmal errungene Ordnung erwartet dich also ein Geschenk von einigen Lebensjahren!

Ich habe es ausprobiert. Dabei kam es zu einigen unfreiwillig amüsanten Begegnung mit mir selbst – beziehungsweise meinem »unordentlichen« Seelenteil.

1. Erstens suche ich nur noch, was sich wirklich zu suchen lohnt, egal auf welcher Ebene. Da bin ich ganz beim Stoiker Epiktet, der dazu rät, Verlorenes und Gestohlenes als *zurückgegeben* zu betrachten. Das hat etwas! Einen höheren und tieferen Sinn. Ob wir es auf die eine oder andere Art losgeworden sind, es ist jedenfalls weg. Bevor man mit der Suche loslegt, ist also unbedingt zu klären, ob ich das Verlorene oder Gestohlene überhaupt noch brauche. Epiktet selbst wäre wohl auch hiermit einverstanden: Auch die Frage, ob ich zukünftig freiwillig mehr gebe im Sinne von Spenden, kann Erkenntnis und Einsicht bringen.

2. Sehr bewährt hat sich auch, Dingen, die ich früher »gern« verlegt habe, einen ehernen Platz zuzuweisen und in meinem Gehirn dafür zu sorgen, sie auch immer wieder nach Gebrauch dorthin zurückzulegen. Einen festen Platz zu haben scheint wichtigen

und unwichtigen Dingen sehr zu gefallen, sie verschwinden dann einfach viel weniger.

3. Etwas immer am selben Platz abzulegen, ist sehr einfach, wenn du allein lebst. In einer Partnerschaft braucht das schon komplexere Anstrengungen auf Grund der höheren Komplexität gemeinsamen Lebens. Absprachen, an die sich beide halten, sind gefragt, sind aber anfällig für Selbstsabotage-Programme.

4. So mancher spiritueller Gemeinschaft, die ich scheitern sah, geschah das noch vor dem fehlenden Geld wegen fehlender Ordnung und verbindlichen Regeln, beziehungsweise weil sich nicht alle, anders als in einem Orden, daran hielten. Dabei gibt weniges mehr Halt, Sicherheit und erleichtert ein geordnetes Leben.

5. Das Allereinfachste und Schwierigste zugleich ist, schlicht und ergreifend weniger Dinge, Sachen, Zeug und Kram zu besitzen. Wer alles Überflüssige entsorgt, wird weniger verlegen und verlieren können und viel weniger suchen müssen und rascher finden.

6. Lebst du allein, kann dir niemand dazwischenfunken. Das erleichtert vieles, erschwert aber auch Ausflüchte und ist Chance und Herausforderung zugleich. Immerhin bewegst du dich auf vertrautem Terrain, denn ein Leben als Single ist ja schon eine Art Minimalismus-Projekt.

Von den Kindern lernen

Wenn ihr nicht umkehrt und werdet wie die Kinder,
so werdet ihr nicht ins Himmelreich kommen.

MATTHÄUS 18:3

»Multitasking« ist eine ungesunde Erscheinung von übermäßig auf Leistungserbringung oder vermeintlichen Genuss zielendem Tun. Zugleich fernsehen und im Internet surfen zum Beispiel kann das Gedächtnis beeinträchtigen, wie eine Untersuchung der Universität Stanford zeigt. Was doppelten Medienkonsum betrifft, so ist die krank machende Zersplitterung der Aufmerksamkeit schon längst sogar in unsere Kinderzimmer vorgedrungen. Das Gegenteil sollte der Fall sein. Statt dass wir als Erwachsene Anleitungen über »Single-Tasking« durcharbeiten, könnten wir von unseren Kindern wieder spielen lernen. Fokussierung ist der natürliche Zustand kindlicher Aufmerksamkeit beim Spiel.

Ich kenne die berührende Geschichte eines unfreiwilligen Singles, der es wieder gelernt hat, wie ein Kind zu spielen. Von seinem eigenen Sohn. Das hat als Erstes die Beziehung zwischen ihnen wieder in Ordnung gebracht und schließlich beider Leben verändert.

Der Mutter, seiner Ex-Partnerin, die ihn verlassen hatte, verriet der Mann das Geheimnis dieses erstaunlichen Wandels. Sie meinte jedoch, als Alleinerziehende keine Zeit zu haben, es ihm nachzutun. Sie müsse viel zu viel auf einmal *auf die Reihe kriegen*. Immerhin änderte sich etwas. Zum einen überließ sie den Kleinen nun öfter als gerichtlich festgelegt ihrem Ex. Der durfte jetzt auch immer wieder mal bei ihr zum Spielen mit dem Sohn vorbeikommen.

Selbst wenn sie sie es zu ihrer eigenen Entlastung beabsichtigt haben sollte, es wirkte sich darüber hinaus auch auf sie selbst aus. Die drei begannen nun auch gemeinsam zu spielen, und er ist auch hin und wieder über Nacht geblieben, bis sie ihn einlud, wieder ganz bei ihnen zu bleiben. Obwohl er sich lange genau danach gesehnt hatte, erschrak er nun aber doch. Denn tatsächlich war es ihm inzwischen gelungen, etwas Wundervolles aus seinem Single-Dasein zu machen. Bewusstes Allein-Sein war zum selbstverständlichen Stück Lebensqualität für ihn geworden. Sich zu entscheiden fiel ihm alles andere als leicht. Letztlich beschloss er, das Gelernte und für sich selbst Entwickelte gleichsam als Mitgift in die erneuerte Beziehung einzubringen. Mit Vorankündigung – und auch ein bisschen Warnung.

Als ich mich später bei ihm erkundigte, wie das Projekt Beziehung 2.0 denn so laufe, erntete ich ein herzliches Lachen, leuchtende Augen und den erhobenen Daumen.

Mut zum Lebensplan

Meine Liebe, sei stolz darauf, wohin du es schon gebracht hast,
und habe Vertrauen in das, was du noch erreichen kannst.
MOTTO IM VEGANEN RESTAURANT *MERAKI* IN PAPHOS

In der Jugend haben wir alle einen Lebensplan. Zumindest spielen wir mit diesem oder jenem Gedanken, was wir werden wollen. Je älter wir werden, umso mehr neigen wir dazu, uns damit abzufinden, wie das Leben mit uns spielt. Das nennen wir dann Altersweisheit.

Es ist nie zu spät für einen Lebensplan! Er steckt das Ziel oder die Ziele ab, wohin du aus tiefster Seele (noch) gelangen willst, anstatt dich mit allem abzufinden, dem momentan alles zustrebt. Vielleicht magst du dich auf Visionssuche begeben, mit Hilfe der nun folgenden, absichtlich grundsätzlichen Fragen und Denkanstöße, die auf den *Ausstieg* aus gängigen Teufelskreisen und Sackgassen zielen. Als *Einstieg* in den Ausstieg aus alten Mustern und Gewohnheiten folgen danach weitere Fragen, die Antworten im Sinne eines guten Kompromisses, wie wir ihn kennengelernt haben, inspirieren sollen.

1 Musst du wirklich mit Geld, was du gar nicht hast und leihen musst, Dinge kaufen, die du weder brauchst noch wirklich magst, um Leute zu beeindrucken, die du gar nicht schätzt, denen du es aber aus irgendwelchen Gründen »zeigen willst«? Was eigentlich? Was du hast? Willst du nicht lieber, zuvorderst dir selbst und allen, die dich sehen wollen, zeigen, wo und wer du wirklich bist und auch erst noch werden willst?

Wie wäre es, in liebevoller, dir selbst zugewandter, aber auch bestimmter und klarer Haltung zuerst die Sackgasse zu erkennen, in die du dich verrannt hast? Sodass du mit Achtung, Liebe und Stolz auf schon Erreichtes zurückblicken kannst und in freudiger Erwartung und Vertrauen nach vorn blickst auf das, was du noch schaffen kannst und möchtest?

2 Magst du wirklich einen Job bis ans Lebensende weiter durchstehen beziehungsweise erleiden, der dich schon heute nicht befriedigt, geschweige denn erfüllt? Was soll da rauskommen, wenn du nichts unternimmst, um da rauszukommen?

Wie wäre es, dir einmal eine geschlagene Stunde Zeit zu nehmen an einem bequemen Platz an einem stillen Ort und in Ruhe – oder vielleicht mit einer Meditationsmusik wie »Klang der Stille« im Hintergrund – dir Zeit ganz und ausschließlich für dich selbst zu nehmen, um alle beruflichen Gedanken und Möglichkeiten zu deiner Zukunft aus den Tiefen deiner Seele aufsteigen zu lassen?

Sichte sie zunächst ganz bewusst ohne jedes Urteil, um dann aus der Fülle den Impuls – die Inspiration – hervortreten zu lassen, die dich erfüllt und dein Leben ausfüllen darf – genau so lange, wie du dazu stehen, dazu Ja sagen und damit weiterkommen kannst.

3 Magst und musst du wirklich bewusst und im Ernst Fleisch von Tieren essen, die ein kurzes Leben lang gemästet und gequält wurden und deren Fleisch, schon wegen der darin steckenden Todesangst, dir und allen anderen so schadet, dass die meisten von uns daran je länger, desto entsetzlicher Schaden nehmen?

Möchtest du wirklich weiter die Verantwortung dafür mit (er-) tragen, dass anschließend Tausende »Forscher« Millionen Versuchstiere schauerlich foltern und quälen, um Medikamente zu testen, die wir gar nicht bräuchten, wenn wir kein Fleisch äßen?

Wie wäre es, dich rechtzeitig umzustellen, deinen Körper und deine Seele gesunden zu lassen, dein Leben zu verlängern, Grippewellen in Zukunft auszulassen und statt Ursache, Teil der Lösung deiner gesundheitlichen und seelischen Symptome und der Lösung für die Hungerkatastrophe der Welt, der Um- und Mitwelt-Probleme zu sein?

Stell dir vor, du würdest diese drei gängigen und obendrein deine ganz persönlichen Teufelskreise und Sackgassen verlassen und dich neu orientieren!

Wie würde sich das anfühlen, wie würdest du dich fühlen, wenn du deinen ganzen Mut zusammennimmst, ihn mit deiner Energie verbindest und in (d)ein neues Leben fließen lässt?

Im Anfang liegt alles: Was hältst du also davon, den Schwung aus deiner stillen Stunde jetzt mitzunehmen und morgen schon morgens zu starten? Damit du es gut *und* gelassen angehen lassen kannst, nun weitere bewährte Vorschläge, um den Einstieg in ein neues Leben zu erleichtern.

1. Wie wäre es, erstmal weniger zu arbeiten – zumal, wenn dich deine Arbeit nicht wirklich erfüllt? Unter Bronnie Wares *Fünf Dingen, die Menschen beim Sterben am meisten bereuen,* rangiert zu viel Arbeit gleich nach dem ungelebten Leben. Selbst wenn du den größten Teil deines Arbeitslebens schon hinter dir haben solltest, lohnt es sich zurückzustecken. Gerade dann, bevor es zu spät ist.

2 Wie wäre es, den Ausstieg bei einer Auszeit zu proben? Das verschafft innere Sicherheit. Du könntest ja auch erkennen, dass dir ohne (diese) Arbeit vielleicht doch etwas fehlt.

3 In einer Auszeit könntest du deinen Hobbys verstärkt nachgehen und erspüren, ob dich da eines besonders ruft und sich als deine zukünftige Berufung meldet.

4 Wie wäre es, dir selbst endgültig klarzumachen, dass es schlicht und ergreifend unmöglich ist, allen gerecht zu werden. Und (möglicherweise) wie notwendig, das Wörtchen NEIN in dein Repertoire aufzunehmen? Hier gilt umso mehr: je früher, desto besser. Es ist nicht deine Schuld, aber deine Verantwortung. Vielleicht schwer zu lernen, aber doch möglich.

Übung

Rollentausch

Nimm an, du wärst ich. Ein Rollentausch, um ein Gefühl dafür zu bekommen, was es heißt: Absprung aus dem alten Leben und landen im neuen – in Glück und Herausforderung.

Du hättest in deiner Ursprungsfamilie gelernt, bloß ja nicht an dich selbst zu denken und – wie es dem Evangelo-sozialo-humano-Familien-Muster entspricht – dich in dein Schicksal zu ergeben.

Mag sein, du eröffnest eine Praxis, teils weil es »in der Familie liegt«, aber vor allem aus dem tiefen Bedürfnis, anderen Menschen zu helfen. Du gehst deinen Beruf beherzt an. Dann wird deine Auslastung sich von ganz allein kontinuierlich steigern. Du genießt es, während es von vier auf sechs und acht Stunden täglich geht, weil es dir zeigt, dass du es kannst. Du schaffst auch zehn problemlos, auch zwölf, weil du sehr motiviert bist und (noch) viel Kraft hast. Lebst du allein, sind vielleicht sogar noch 14 und 16 Stunden möglich, manchmal auch 20 und bisweilen lohnt es sich gar nicht mehr, überhaupt noch ins Bett zu gehen. Schon in der Klinik wurde das ja von dir erwartet. Aber irgendwann geht es nicht mehr. Entweder du behandelst von nun an alle schlechter, weil es dir selbst so viel schlechter geht, sodass der Andrang abnimmt. Oder du lernst, Nein zu sagen: aus Respekt vor dir selbst, auch weil du eingesehen hast, dass Selbstliebe die erste christliche Grundforderung ist, und nicht zuletzt aus Rücksicht auf all deine PatientInnen, denen du *wirklich* helfen könntest. Wiederum: Je früher, desto besser.

Vielleicht schreibst du irgendwann ein Buch und freust dich, dass es viele Menschen lesen. Du freust dich noch mehr, wenn es sehr viele werden. Dann schreibst du noch eines, und die Zuschriften nehmen zu. Irgendwann kannst du die Antworten nicht mehr schaffen und musst dir etwas überlegen. Nein zu sagen ist jetzt nicht die Lösung. Nicht mehr. Jede Art von Verantwortung besitzt ihr spezielles Herausforderungsprofil. Wer sich a) selbst profiliert hat, muss sich b) dem auch stellen. Konsequenz ist der Saft in dieser Art von Leben, freudiges Annehmen guter Kompromisse der Fruchtgeschmack.

So beantworte ich heute nach wie vor gern (fast) alle Fragen über die *LebensWandelSchule*. Jede aber *ein für alle Mal*. Über 4000 habe ich schon geschafft, vor allem zu Fasten und Ernährung sowie den Säulen der Gesundheit wie Bewegung und Entspannung. Mein Traum ist, irgendwann alle wesentlichen Fragen zur Gesundheit beantwortet zu haben und nur noch darauf verweisen zu müssen. Das ist ein erprobter Aufschub, aber wahrscheinlich muss ich irgendwann einfach Nein sagen.

Auch du bist »nur« ein Mensch. Immerhin, ist doch schon mal was. So richtig aber erst dann, wenn dir der Wind des Lebens frisch ins Gesicht bläst und du ihm aus friedvollem Herzen zuflüstern kannst: »Glücklich mit mir selbst!«

Schenken ist exponentielle Glücksvermehrung

Es ist schön, den Augen derer
zu begegnen, die man beschenkt hat.

JEAN DE LA BRUYÈRE

Hast du dir die bisherigen Empfehlungen zu Herzen genommen, wirst du erlebt haben, wie befriedigend es sein kann, ein spontanes Gefühl nicht beiseitezuschieben, sondern ihm nachzugeben und nachzugehen. Sich von seinen Empfindungen, Wünschen und Emotionen, seinem Verlangen und seinen Sehnsüchten lenken zu lassen ist der magnetische Pol für unseren Kompass im Leben. Es verlagert viel Leben ins Zwischenhirn, das sogenannte limbische System. Von dorther kommen Freude und Inspiration, sind doch unsere tiefsten Träume und Wünsche da zuhause. Jene Ideen, die etwas in uns bewegen und uns voranbringen auf unserem Weg zu uns selbst, entstehen dort viel eher und öfter als im Großhirn.

Um das zu verstehen und davon zu profitieren, musst du keine großen Taten vollbringen. Der Gewinn wird sehr wohl auch im ganz normalen Alltag, bei der Verrichtung einfachster Dinge, zu spüren sein. Etwas zu schenken ist eine wundervolle Zuwendung urmenschlicher Art. Schenken verschafft uns – wissenschaftlich belegt – Glücksgefühle! Die neurologische Reaktion, hervorgerufen durch Großzügigkeit und gute Taten, ist als *warm glow* (warmes Glühen, Leuchten, Strahlen) im Gehirn sogar messbar.

Wer andere Menschen beschenkt, ihnen auf die Sprünge hilft oder in der Not zur Seite steht, bekommt also tatsächlich Glück zurück! Da aber auch das Glück dem Resonanzgesetz folgt, ziehen wir durch Schenken auch besonders viel weiteres Glück an, weil wir gleich zwei Seiten glücklich machen: den/die Beschenkte(n) und uns selbst. Wer die Kunst des Schenkens versteht und ausübt, macht sich auf den Weg zu einer exponentiellen Glücksvermehrung und kann sogar das Geheimnis jener »Gipfelerlebnisse« lüften, die unter den universellen menschlichen Werten ganz weit oben rangieren, wie wir gesehen haben.

Zehn sehr gute Gründe, um großzügig zu schenken

1 Schenken macht glücklich – wie sogar wissenschaftlich belegt.
2 Wer viel verschenkt, bekommt auch viel zurück, was die Freude mehr als verdoppelt.
4 Es bereitet dir und den Beschenkten Freude, wenn jemand etwas brauchen kann, was du nicht mehr brauchst. Was dein Leben nur noch belastet, kann ein anderes entlasten und sogar jemanden beglücken. Versuch es einfach – es ist tatsächlich einfach.
5 Es ist wesentlich nachhaltiger, Dinge zu verschenken und sich keine neuen zu kaufen, als alles zu behalten und noch ständig Neues anzuschaffen. Das überlädt nur die Wohnung, nimmt ihr

die Übersichtlichkeit und Eleganz und bringt letztlich Messi-Probleme.

6 Wer der Konsum-Gesellschaft kritisch gegenübersteht und auf Nachhaltigkeit setzt, dem bietet Schenken einen idealen Ausweg. Wieder-Verwendung macht Freude – und ist ein Schritt, die Wegwerfgesellschaft zu überwinden.

Ein befreundetes Paar hatte sich getrennt. Sie lösten ihren gemeinsamen Haushalt auf, und jeder nahm etwas davon mit. So weit, so gut. Sie allerdings stellte bald fest, dass ihr neues Leben auch mit einer neuen äußeren Ordnung beginnen sollte, und beschloss, bei der Reduzierung ihres beweglichen Besitzes zu beginnen. Ob ich ihre Bücher gebrauchen könnte – vielleicht sogar alle? Ich fühlte mich in leichte Verlegenheit gebracht. Einerseits wollte ich ihr gern helfen, andererseits war kein wirklicher Bedarf vorhanden. Sie dachte wohl, in einem Seminarzentrum, wo viele Leute ein und aus gehen, müsste es auch viel Verlust und Verschleiß geben. Unsere Gäste pflegen allerdings durchweg einen achtsamen Umgang mit allem, was sie bei uns (be)nutzen, so dass der Verschleiß geringer ist als in normalen Tagungszentren. Nun stand zu dem Zeitpunkt »zufällig« ein großer Raum leer. Ich beschloss einzuwilligen, betrachtete mich aber eigentlich nicht als beschenkt, sondern eher selbst als Schenkender, was ja auch kein schlechtes Gefühl war. Die Sachen wurden untergestellt, und ich vergaß sie bald. Als dann der Raum, wo sie standen, anderweitig gebraucht wurde, kam ich ins Grübeln: Wohin jetzt damit? Doch Überraschung! Es war gar nichts mehr da. Verschenkt an ein Paar, das sich auf einem

unserer Seminare kennen- und lieben gelernt hatte und daraufhin einen gemeinsamen Hausstand gründete. So erwies sich die
komplette Geschichte für mich als doppelt, ja dreifach lohnend
und bot mir überdies reichlich Material, um über die beglückende Einheit von Schenken und Beschenkt-Werden nachzudenken.

7   Warum wirkt der Verkauf eigener Dinge oft wie ein schlechtes
Geschäft? Weil wir inzwischen ein Besitztums-Denken entwickelt haben, das uns glauben lässt, was wir haben, sei mehr wert,
als es objektiv ist. Das ist tatsächlich wissenschaftlich untersucht
und belegt worden. Aber haben wir es nicht immer schon ge-
ahnt? Verschenken ist eh das beste Geschäft, weil es beide Seiten
am glücklichsten macht.

8   Sobald du spürst, dass dir die Zeit fehlt, Schönes schön zu finden
und fürs Gute dankbar zu sein, entgeht dir nicht irgendetwas,
sondern das Wesentliche. Du brauchst dringend Entschleuni-
gung und Zeit für dich selbst und allein mit dir selbst. Gewinne
sie, indem du Dinge verschenkst, die dich viel Zeit kosten und
nur noch wenig Freude bringen.

Als Junge fiel es mir schwer, mein Aquarium an einen Jungen zu
verschenken, der es dringender brauchte und mehr Zeit hatte. Es
machte mir schon noch Freude, wenn sich meine Fische ver-
mehrten, aber es kostete so viel Zeit. Als ich mich endlich dazu
durchgerungen hatte, es zu verschenken, löste das Freude aus
und erleichterte mich gleich in doppelter Weise, denn Fische auf
so kleinem Raum einzusperren, um mich an ihnen zu erfreuen,
hatte ich eigentlich schon hinter mir.

9 Zeit für uns selbst ganz allein zu haben ist eines der wertvollsten Geschenke, die wir uns selbst geben können. Wie bei der Liebe, ist es auch beim Schenken gut, bei sich selbst zu beginnen. Schenke dir Zeit, zum Nachdenken über dich selbst, um zu dir zu kommen und zu erkennen, wer du bist und in Zukunft sein möchtest.

10 Und jetzt solltest du alle Empfehlungen mal vergessen! Kein Scherz. Wirklich beglückendes, zauberhaftes Schenken ist frei von jeder Erwartung und jedem Hintergedanken.

Ganz bei dir selbst

Glück ist kein Geschenk der Götter,
sondern die Frucht innerer Einstellung.
ERICH FROMM

Wenn wir trauern oder uns einfach »fertig« fühlen, kann die Zuwendung und Fürsorge eines anderen Menschen dafür sorgen, dass wir unsere negativen Gedanken wandeln und uns wieder mit dem Leben verbunden fühlen. Ein Teil unserer Kraft kommt zurück. Doch sobald wir diesen Menschen nicht mehr bei uns haben, kehrt das Drama wieder, und womöglich schlimmer als zuvor. Es sei denn, wir finden selbst zur Quelle der Kraft in uns.

Wer es nur schwer ertragen kann, allein zu sein, egal aus welchem Grund, fühlt eine große Leere in sich, und das ist wirklich ein äußerst unangenehmes Gefühl. Man kann ihm viel davon erzählen, dass »Leere« in Wahrheit – dem Potential nach – der erlöste Gegenpol zu allen negativen Gedanken und Gefühlen ist und dass der größte Schatz in unserem Inneren uns ausgerechnet hier erwartet. Insofern ist es gut, wenn wir wirksame Mittel an der Hand haben und gangbare Wege sehen, um das »schwarze Loch«, das sich da auftut, mit inneren Bildern und Erlebnissen durchweg positiver Natur zu füllen.

Gönn dir dazu Me-Time. Zeit nur für dich selbst. Unverplant und störungsfrei. Statt zu sagen, das geht nicht, finde irgendwo eine kleine Lücke. Und dann lade die Muse ein! Vielleicht küsst sie dich schon, wenn du einfach nur schaust, was da jetzt ganz von alleine kommt, was nach oben in Gedanken und Gefühlen aufsteigen will. Lass es einfach zu – und auch gut sein damit, wenn dir danach ist.

Wenn du dich aber bereit fühlst für Neues, für Bilder und Erfahrungen, die innere Tore öffnen, magst du auf folgende Übungen zurückgreifen.

Übung

Tierverbündete finden

Du lässt dich mit sanfter Musik deiner Wahl in tiefe Entspannung gleiten und lernst deinen ersten aufsteigenden Gedanken wahr und wichtig zu nehmen. Das kannst du üben an Farben, Häusern, Autos, Schiffen. Stell dir irgendetwas vor und erhasche gleich den ersten dazu aufsteigenden Gedanken. Schon ist er aufgetaucht! Es ist gar nicht anders möglich, also kinderleicht. Deine Gedanken sind so schnell! Du kannst es gar nicht verhindern, dass einer aufsteigt! Du musst lediglich lernen, gleich den ersten zu erwischen.

Wenn du das geschafft hast, geh einen Schritt weiter. Versuche es mit dem ersten aufsteigenden Gedanken an ein Tier – und schon ist es passiert. Du hast dein Totem-Tier gefunden, deine(n) Tierverbündete(n), das Tier, das von nun an immer an deiner Seite sein wird, wenn du es (zu)lässt, sodass du nie mehr allein bist, ja gar nicht mehr allein sein kannst. Es war immer da – in deinem Unbewussten. Jetzt ist es ins Bewusstsein aufgestiegen.

Du kannst es zu allem befragen, und es wird dir immer sofort, nämlich ebenfalls im ersten aufsteigenden Gedanken, antworten. Tierverbündete sind für SchamanInnen so wichtig, wie es für uns als Kinder der Schutzengel war, und auch jetzt noch ist. Du kannst natürlich genauso gut, oder vielleicht sogar noch besser für dich, deinen Schutzengel oder Schutzgeist finden.

Deine Ahnen ahnen

So kannst du auch über den ersten aufsteigenden Gedanken mit deinen Ahnen in Kontakt treten und sie sogar visualisieren. Stell dir vor, deine Mutter – so, wie du sie gerade jetzt erinnerst – steht links hinter dir, dein Vater rechts. Und hinter ihnen visualisierst du deine vier *Großen Eltern*, die weiblichen links, die männlichen rechts. Und noch die Urgroßeltern – nimm den ersten aufsteigenden Gedanken, er ist besser als Phantasie! Wenn du willst, mach immer weiter so, bis du nach 35 Schritten einige Milliarden Ahnen hinter dir hast. Du bist mit allen Menschen verwandt, die jemals gelebt haben!

SchamanInnen fühlen sich aufs Innigste mit ihren Ahnen verbunden. Sie sind also nie allein. So, wie du dich mit deiner/deinem Tierverbündeten verständigen kannst, gelingt das auch mit den Ahnen. Du kannst sie jederzeit befragen, und sie werden dir im jeweils ersten aufsteigenden Gedanken antworten. Erlebe es *einfach*. Das ist bewusstes Allein-Sein und Partnerschaft gleichermaßen, ein großes Geschenk auf sehr subtiler Ebene.

Es geht also wirklich und ganz eindeutig nie darum, sich mit der Situation leidvoller Einsamkeit abzufinden. Sondern, im Gegenteil, durch wachsende Bewusstheit das im wahrsten Sinne des Wortes Beste von allem daraus zu entwickeln. Durch bewusstes Allein-Sein wird das unangenehme Gefühl innerer Leere in freudige Erfüllung gewandelt. Und du wirst sehen: Auch Unabhängigkeit und Freiheit können daraus erwachsen – und sogar Beziehungsglück. Du ruhst in deiner Mitte, und dein innerer Kompass wird in die Richtung weisen, wo dein Weg ist.

Meditation: Der Weg ist das Ziel

Wenn ich sitze, sitze ich, wenn ich aufstehe, stehe ich auf,
wenn ich gehe, gehe ich, und wenn ich esse, esse ich.
UNBEKANNTER ZEN-MEISTER

Eine vielversprechende Möglichkeit, sich aufs Allein-Sein einzulassen, ist jede Form von *Medi*tation. Wie das Wort verrät, geht es um die Mitte, und natürlich um die eigene. Sie liegt in uns, ob wir sie körperlich im Hara, der Weltmitte des Menschen, wie Karlfried Graf Dürckheim sagte, wenige Zentimeter unter dem Nabel, empfinden, oder als energetische Mitte in Anahata, dem Herzchakra, in der Mitte der Brust. Bei Meditationsübungen geht es stets darum, diese in sich selbst ruhender Mitte wahr und wichtig zu nehmen.

Und sie lässt sich selbstverständlich nur von dir selbst finden. Auch bei jeder Gruppenmeditation bist du letztlich für dich allein, gleichwohl vom Feld der gemeinsam Meditierenden getragen und unterstützt. Das lässt sich gerade anfangs gut nutzen, um der Einsamkeits-Falle noch wirksamer zu entgehen. Meditierende erleben in sich selbst Gefühle von Geborgenheit, Vertrauen, Frieden und Verbundenheit und schlussendlich Allverbundenheit. Das gefundene Vertrauen und die gewonnene Sicherheit werden ganz von selbst in die alltäglichen Aktivitäten zurückfließen.

Meditation läßt sich sehr wohl in Gesellschaft anderer lernen. Melde dich in einem Meditations-Zentrum an, und nimm an den regelmäßig stattfindenden Gruppenmeditationen teil. Bei buddhistisch inspirierten Gruppen wärst du auch vor religiösen Beeinflussungs- und Missionsversuchen relativ sicher, denn Buddhismus ist im Kern keine Religion, sondern eine Lebensphilosophie. Das ist den »Neo-Buddhisten« bei uns im Westen in der Regel sehr wichtig. Feste Meditationszeiten, privat wie im Zentrum, bestärken dich im Üben und können sich zu Ankern im Leben entwickeln. Je erfolgreicher du dir solche Anker schaffst, desto geschützter ist dein Lebensschiff vor den Stürmen des Alltags. Jedes bewusste Ritual ist so ein Anker, weil es ein Feld aufbaut, in dem du dich zuhause und gut fühlst und dich und deine Mitwelt bewusst spüren kannst.

Mit einem Wort: Meditation schenkt uns Zeit, ganz bei uns selbst zu sein, um unsere Gedanken, Gefühle und körperlichen Empfindungen zu beobachten, zu vertiefen und zu harmonisieren.

Besser als große Erklärungen schildern überlieferte Frage-Antwort-Dialoge zwischen Zen-Meister und Zen-Schüler(n) das Wesen der Meditation und der meditativen Geisteshaltung im Alltag.

Fragten die Schüler: »Meister, wie schaffst du es, so völlig in dir zu ruhen?«

»Ganz einfach. Wenn ich sitze, sitze ich, wenn ich aufstehe, stehe ich auf, wenn ich gehe, gehe ich, und wenn ich esse, esse ich.«

»Das machen wir doch auch, Meister.«

»Nein, ihr tut alles andere als nur das. Wenn ihr sitzt, denkt ihr schon ans Aufstehen, beim Aufstehen schon ans Gehen und währenddessen esst ihr schon. Ihr seid nie dort, wo ihr seid.«

Ohne viel Aufhebens und genau auf den Punkt gebracht, wird uns Modernen hier der Spiegel vorgehalten. Wir sind nicht mehr dort, wo wir sind, sind nicht mehr bei der Sache, egal welcher. Und, was das Schlimmste ist: Wir haben verlernt, bei uns selbst zu sein – bei dem, was wir denken, fühlen und tun. Wir sind gar nicht wirklich da, haben die Balance verloren, zwischen innen und außen, zwischen uns und der Mit- und Umwelt. In der Meditation können wir diese Balance wiederfinden. Schon auf dem Weg dorthin beginnt Einsamkeit sich in bewusstes Allein-Sein zu wandeln. Wenn wir dann ganz bei uns sind, wenn wir in unserer Mitte ruhen, sind wir zwar »allein« – aber doch so weit entfernt von »einsam« wie nur möglich.

Jede Meditationsübung setzt auf Bewusstheit. Das ist auch ihr letztes Ziel – vollkommene Bewusstheit und allumfassendes Bewusstsein. Somit ist Meditation Beispiel für den Satz: Der Weg ist das Ziel. Letztlich wird Bewusstheit sich zum Ritual entwickeln, denn ohne sie gibt es weder Meditation noch Ritual. So wie jede Meditation zum Ritual, kann auch jedes Ritual zur Meditation werden. Nach buddhistischer Auffassung ist jede bewusste Handlung Meditation.

Übung

Achtsamkeit im Alltag üben: Körperfühlen

Einsamkeit bietet im Grunde die ideale Chance, um damit anzufangen, Gewohnheiten in Rituale zu wandeln. Das beginnt mit
einfachem, bewusstem Wahrnehmen dessen, was ist, des Körper-
gefühls, der Stimmung. Konzentriere dich nur auf das, was du
siehst, hörst, spürst, fühlst und tust. Ganz allein mit uns sind wir
automatisch bei uns und in der jeweiligen Situation. Das kann
das Erleben sehr intensivieren und dir schon Erfahrungen im
Hier und Jetzt bescheren.

Und selbst wenn die Stimmung schlecht ist, kannst du dich trotzdem darauf einlassen, um dann mit den simplen gewohnten
Handlungen des Morgenrituals im Bad oder im Haushalt zu beginnen. Führe sie mit größter Bewusstheit aus, sei ganz dabei,
um mit der Zeit darin richtig aufzugehen. Begleitest du das Waschen deiner Hände mit dem Gedanken, sie auch in Unschuld zu
waschen, geschieht viel Wesentlicheres als nur Körperpflege. Das
gilt auch für kosmetische Anwendungen, denn wahre Schönheit
kommt immer von innen. Trage die deine bewusst nach außen!

So entwickeln sich – mit jeder Wiederholung mehr – aus alltäglichen Gewohnheiten Rituale, in dem Maße, wie du im Hier und
Jetzt landest und wirklich da und dabei bist. Für das Entstehen
und Wachsen eines Rituals ist es sogar desto besser, je einfacher,
gewöhnlicher und vertrauter die Verrichtungen sind. Dann lässt
sich ideal mit Ritualen wachsen, immer mehr zu uns selbst fin-

den und das Leid der Einsamkeit in die Unabhängigkeit und Freiheit eines mit Ritualen gefüllten Tages und schließlich Lebens wandeln. Es gibt kaum eine Tätigkeit, die sich nicht durch den Einfluss von Bewusstheit in ein Ritual verwandeln ließe. Allerdings gelingt es je leichter, desto einfacher die Verrichtung ist. Spannende, kreative Tätigkeiten, die den Geist fordern, laufen viel mehr auf Ablenkung hinaus. Auch das sind Möglichkeiten, aber die Rituale wirken nachhaltiger und langfristig erlösender. Mit ihnen lässt sich jede Zeit und selbst ein Abend in bester Gesellschaft verbringen, nämlich mit dir selbst. Solche Zeiten gehören dir im besten Sinne – ganz für dich allein. Du kannst daraus weiterentwickeln, was du willst – auch dich in deinem vollen Potential, so wie du eigentlich gemeint bist.

Je öfter du deine Art Meditation praktizierst, desto stabiler wird ihr Feld und desto geborgener wirst du dich darin fühlen – ganz bei dir selbst auf dem Weg in die tiefe Stille deiner ruhenden Mitte. Wer irgendwann so weit kommt, beliebig lange still zu sitzen, für den wird »Einsamkeit« zum Fremdwort – und würde er ein Leben als kompletter Einsiedler führen.

Um indes der – auch von mir selbst erfahrenen – Wahrheit die Ehre zu geben: So einfach es auf den ersten Blick erscheinen mag, Sitzen in Stille ist eine durchaus anspruchsvolle Praxis, die in sehr konsequenter Weise auf die Leerung des Geistes zunächst von automatischen Gedanken, letzten Endes von jedweder Gedankentätigkeit zielt. Geführte Meditationen hingegen nutzen die aufsteigenden Gedanken, um das Bewusstsein sanft in Richtung Mitte zu führen. Das gelingt anfangs spürbar besser und stärkt die Motivation, anstatt sie gleich wieder zu untergraben. Mit der Totem-Tier-Begegnung haben wir diese Technik bereits kennengelernt. Da du dich dabei selbst immer besser kennenlernst, bieten geführte Meditationen auch Aspekte von Psychotherapie, die in der Einsamkeits-Situation sehr hilfreich sind. Es ist ein Weg, der für westliche Menschen als Einstieg in die Meditation ideal geeignet ist. Deshalb habe ich dafür auch ein spezielles Audio-Angebot auf vielen CDs oder heute Downloads entwickelt.

Sehr empfehlenswert ist auch die buddhistische Upekkha-Meditation. *Upekkha* bedeutet wörtlich Gleichmut; es geht um die Entwicklung leidenschaftslosen Zeugen-Bewusstseins, das wie ein kühlender, erfrischender Wind das Auf und Ab der Gefühle sänftigt.

Übung

> Sitze – am besten gleich morgens nach dem Aufstehen – mit geschlossenen Augen eine halbe Stunde in Meditationshaltung und beobachte einfach nur die Stimmungen, Gedanken, Wünsche, Sorgen, Gefühle und Empfindungen, die in dir von selbst aufsteigen, ohne dass von außen Impulse kommen.

Wer so übt, wird schrittweise eine wunderbare Beruhigung und innere Zentrierung spüren. Die Neigung, in der Geschäftigkeit des Alltags von innen her aufkommende Stimmungen, ganze Themen gar, immer wieder auf Menschen oder Ereignisse zu projizieren, nimmt erkennbar ab. Launen und Stimmungsschwankungen werden bei regelmäßiger Übung »vorüberziehen wie Wolken vor der Sonne«, wie es gleichnishaft heißt.

Regelmäßige Meditation wirkt umso besser, je selbstverständlicher sie ins tägliche Leben eingebettet und die gewählte Methode auf dich persönlich zugeschnitten ist. Wer sich chronisch einsam erlebt, fühlt sich nicht nur mental wie gelähmt, sondern erstarrt im Lauf der Zeit womöglich auch körperlich. Dann sind bewegte Meditationsübungen wie Tai Chi oder Qigong und das stillere, aber ebenfalls körperzentrierte Hatha-Yoga gute, vielleicht sogar bessere Möglichkeiten. Der Schritt vom Körperfühlen, wie oben in der Achtsamkeits-Übung beschrieben, hin zur bewegten Meditation ist nur ein ganz kleiner. Sehr gestressten Menschen fällt der Einstieg in körperbetonte Meditations- und Harmonisierungstechniken spontan am leichtesten.

Zugänge zur Meditation werden in vielfältiger Weise angeboten. Ein Ratgeber wie *Jetzt einfach meditieren* verschafft einen Überblick. Auch das Internet bietet gute Möglichkeiten, etwa um Jon Kabat-Zinn auf seinem YouTube-Kanal zu erleben und sich eine Einführung in die Achtsamkeits-Meditation von ihm persönlich geben zu lassen.

Ein Wort noch zur Ermutigung – auch all jener, deren Partner Sorge tragen, die meditierende Gefährtin fände nun alles in sich selbst und würde fortan nur dort zu Hause sein wollen. Schon das Sprichwort weiß: Schiffe sind zwar im Hafen am sichersten, aber nicht dafür gebaut. Keine einzige wissenschaftliche Untersuchung (und nichts im Bereich spiritueller Praktiken ist so gründlich wissenschaftlich untersucht wie die Achtsamkeits-Meditation) findet bestätigt, dass Versenkung zu »innerem Absaufen« führt. Im Gegenteil! Meditierende steuern besser durch die Stürme des Alltags, auch ohne SOS-Dauersignal. Sie lieben das Leben und vor allem das wogende, vielseitige Leben. Ja, gut: Der Meister Sri Aurobindo vertäute seine äußere Existenz ganze 30 Lebensjahre im selben Zimmer, weil er alles in sich selbst gefunden hatte. Aber bist du Sri Aurobindo? Eher doch ein Segelschiff, das sich auf den Schwingen der Atemflügel in alle Welt und Welten tragen lässt ...

Kreative Auswege aus der Einsamkeits-Falle

Aus den Steinen, die dir in den Weg gelegt werden,
kannst du etwas Schönes bauen.
ERICH KÄSTNER

Menschen, die sich einsam fühlen, wird oft als Allererstes geraten, »rauszugehen und am Leben teilzunehmen«. Es kommt aber selten etwas dabei heraus, ohne innere Vorbereitung hier auf den äußeren Gegenpol zu setzen. Als Nächstes kommt dann häufig der Rat, sich mit kreativen Beschäftigungen abzulenken. Oder gar, sich in Arbeit zu stürzen, um alles andere zu vergessen. Ablenkung schafft nie nachhaltig Abhilfe, und wirklich vergessen wird bei solchen verzweifelten Versuchen nur, dass es nie sinnvoll ist, ausgerechnet auf der Problemebene die Lösung herbeizwingen zu wollen. Für mich klappte es mit der Bearbeitung meiner Einsamkeit via Arbeit auch nur, weil Schreiben mir innere Erfüllung ist.

Jeder Mensch braucht einen übergeordneten Sinn im Leben, sonst wird auch alles Untergeordnete sinnlos für ihn. Besonders nach Ende einer Beziehung, eigentlich aber immer, wenn man länger allein ist, wäre es ideal, auf die Suche nach persönlichen Begabungen zu gehen und die Gabe zu finden, die du gern gibst und in der du deine Auf*gabe* erkennst, die deinem Leben jetzt einen Sinn verleihen kann. Es besteht kein Grund, ganz grundsätzlich zu werden und alles sofort zu wollen. Klein anzufangen und daran zu wachsen ist ein ganz natürlicher und schöner Prozess, der dich letztlich zum höchsten Gut des Lebenssinns führen kann.

Tätigkeiten zu finden, die das Gefühl geben, gebraucht zu werden, sind ein wertvoller Schritt in Richtung *Sinnfindung.* Oft sind das keine hochdotierten oder überhaupt bezahlten, aber offensichtlich wichtige und für andere hilfreiche Aufgaben, die dir dann auch selbst helfen. Das Gefühl, andere zu unterstützen, ihnen etwas zu bedeuten, wird die Bedrängnis der Einsamkeit lindern und das bewusste, erfüllende Allein-Sein vorbereiten.

Dazulernen, bereit sein für innere Entwicklung und persönliches Wachstum ist der Schlüssel! Es bedeutet, die Spielregeln des Lebens verstehen zu lernen und die *Schicksalsgesetze* für sich arbeiten zu lassen, anstatt vom Schicksal verarbeitet zu werden. Wenn du das verstehst, wird dir jeder Tag zur Lebensschule.

Jeder Tag bietet eine Fülle an Gelegenheiten. Auch und gerade der »lästige« Alltag. Wie wir gesehen haben, eignen sich gerade lästige Routinen vorzüglich, um sie in bewusste Rituale zu verwandeln und dadurch mit Sinn zu erfüllen. Was immer auf deiner To-do-Liste steht, eignet sich. Erledige einfach, was zu erledigen ist, aber nimm die *Bewusstheit des Rituals* mit und, soweit dir schon möglich, das Gefühl für deine Mitte. Auch das führt dich auf den Weg ins Hier und Jetzt, in die bewusste Erfahrung des Augenblicks.

Um aber nicht immer nur Lästigkeiten abzuarbeiten und irgendwann die Lust zu verlieren, ist eines absolut wichtig: Widme dich auch den angenehmen und schönen Dingen des Lebens! Kraft und Kreativität gedeihen auf dem Humus der Entspannung und Muße. Nur bitte, und es ist unbedingt eine Wiederholung wert: Nimm die Bewusstheit des Rituals mit und das Gefühl deiner Mitte. Dann wird aus Einsamkeit Me-Time – ein *Zeit- und Sinngeschenk* für dich.

Tust du dich noch schwer damit, Zeit für dich, ausschließlich für dich selbst zu reservieren? Sei ganz beruhigt: Es ist alles andere als Egoismus. Wenn du dir selbst Gutes tust und dabei auch noch erkennst, dass du im Grunde gut bist, ist das schon der erste Schritt auf dem Weg, auch anderen zum Segen zu werden. Beginnen wir also bei jenen Dingen, die uns allen am leichtesten fallen, um Schritt für Schritt zum Anspruchsvolleren zu gelangen.

Filme zu schauen ist etwas, das wir alle lieben. Und wenn es die richtigen sind, bietet es eine völlig ungezwungene, im wahrsten Sinne des Wortes bezaubernde Möglichkeit, das Leben besser zu verstehen und die Seele zu nähren. In meinem ganzen Arztleben habe ich mir selbst – ohne Übertreibung – viel mehr Spielfilme als Pharmaka verordnet. Auch Produktionen aus der Traumfabrik Hollywood, die absichtlich so angelegt sind, dass jeder sie versteht, waren meinen PatientInnen sehr hilfreich. Die folgenden Vorschläge stammen aus unserem Filmdeutungsbuch *Hollywood-Therapie – was Spielfilme über unsere Seele verraten*.

Wir sind in diesem Buch immer wieder auf das Thema »Zeit« gestoßen, und vieles kreiste darum, die uns zugeteilte Lebenszeit sinnvoll zu nutzen. Die Zeit selbst können wir nicht wirklich spüren, sie bleibt abstrakt. Ein packender Film kann uns da mehr Anschauung vermitteln als jede gelehrte Abhandlung. Etwa »In Time«, ein Sci-Fi-Meisterwerk über das Leben im kompletten Hamsterrad, wo jeder für seine Lebenszeit, die ihm auf ein Zeitkonto auf seinen Unterarm geladen wird, hart arbeiten muss. Ist seine Zeit abgelaufen, stirbt er. Andererseits gibt es dafür das Geschenk ewiger Jugend.

Wer das Problem-Thema hat, nicht altern zu wollen, also nicht mit der Zeit zu gehen, ist bei »Für immer Adeline« gut aufgehoben und kann mit ihr erleben, wie sie ihr erstes graues Haar wie eine Erlösung aus ihrem Albtraum ewiger Jugend erlebt.

Wer noch eins draufsetzen will und damit liebäugelt, dem Trend zur »Verjüngung« zu folgen, ist gut beraten mit »Das seltsame Leben des Benjamin Button«. Dieser Film therapiert den Wunsch, in die umgekehrte Richtung zu gehen, als es das Leben vorsieht.

Wer den Eintritt in den Augenblick und den Stillstand der Zeit miterleben möchte, kann das in Robert Redfords Meisterwerk »Die Legende von Baggar Vance«.

Nicht ohne Grund kommt hier als letzte Empfehlung »Das Beste kommt zum Schluss«, jener Film, der mir den Anstoß zum Buch *Die Liste vor der Kiste* gab. Als Anstoß zu einer praktischen Übung für dich selbst sei er hier ausführlicher beschrieben. Gedeutet wird er erst in *Spielfilm-Therapie*, dem geplanten Folgeband.

Es geht um zwei nicht mehr ganz junge Männer, die ihr Hamsterrad nicht unbedingt freiwillig, aber letztlich doch sehr entschlossen hinter sich lassen. Beide haben eine Krebsdiagnose am Hals beziehungsweise auf der Brust und eine gescheiterte Chemotherapie hinter sich. Edward Cole alias Jack Nicholson ist allein im Leben unterwegs und kann über seinen Schatten springen. Carter Chambers alias Morgan Freeman muss aus einer entsetzlich engen Ehe ausbrechen. Zusammen gehen sie auf »letzte Reise« und werden – kurz vor Toresschluss – allerbeste Freunde. Cole erlebt – in seinen eigenen Worten – ein »verdammtes Wunder«, das wir hier nicht entzaubern wollen. Carter schafft es nicht, und wir erkennen, welche Rolle die Beziehung zu seiner es so überaus gut meinenden Ehefrau dabei spielt. Er stirbt, aber auch er geht bereichert: durch einen besten Freund und durch so einige doch noch erfüllte Träume.

Der Film ist unterhaltsam und spannend, auch ohne Sexszenen, Schießereien und Autoverfolgungsjagden. Und die Stimmung danach ist sehr gut, obwohl am Ende beide Hauptdarsteller tot sind. Warum? Weil es fürs Publikum, also uns selbst, auf ein Happy End hinausläuft: Müssen wir doch nicht erst darauf warten, dass uns Krebsdiagnose und gescheiterte Chemotherapie ins Leben rauschen, um endlich mit dem wahren, also dem eigenen Leben zu beginnen. Und es ist nie zu spät dazu, wie der Film überzeugend beweist!

Übung

Schreibe, nachdem du den Film gesehen hast, deine eigene »Liste vor der Kiste«: eine Aufstellung aller noch offenen Wünsche, die du ans Leben hast. Das geht in diesem Moment sehr leicht von der Hand. Das Buch kann im weiteren Anschluss noch dein Nach- und Vorausdenken vertiefen helfen.

Meine eigene Liste dieser Art führe ich seit langem und nehme sie mir jeden Silvester- und Geburtstag vor, um zu schauen, was ich im vergangenen Jahr geschafft habe und was noch offen bleibt. Taman-Ga zum Erblühen zu bringen war der letzte große Punkt, den ich 2019 mit Hilfe eines tollen Teams geschafft hatte – und dann kam Corona ... Wer oder was auch immer kommt – es hält uns in Bewegung: Panta rhei – alles fließt.

Bücher lesen erfordert etwas mehr Anstrengung, als Filme zu schauen. Es ist und bleibt der klassische Weg, die Welt und uns selbst besser kennenzulernen. Wenn ich mir vorstelle, dass ein Viertel der Deutschen, dem »Volk der Dichter und Denker«, noch nie ein Buch gelesen haben soll, frage ich mich: Wo sollen diese Zeitgenossen ihre bestmögliche Welt-Anschauung, im Sinne Alexander von Humboldts, erwerben? Im Internet? Auch da müssten sie dann viel lesen, wenn sie es ernst meinen. Oder etwa beim Strandurlaub im Entwicklungsland, abgeschottet von der Lebenswirklichkeit der Menschen dort?

Spannende und berührende Bücher regen die Phantasie an und erweitern den persönlichen Horizont. Die Lektüre von Romanen hilft sogar, wie eine Untersuchung der Universität Toronto zeigt, Empathie zu entwickeln. Beim Lesen von Romanen, auch von Biographien, gehen wir innerlich mit, stecken mit den handelnden Personen sozusagen unter einem Buchdeckel.

Sobald Achtsamkeit in dir erwacht, kannst du es angehen, *die KünstlerIn in dir selbst zu finden* und zu verwirklichen. Egal ob du musizierst, allein für dich oder zusammen mit anderen, ob du singst, für dich allein oder im Chor – selbst wenn du dich nur von deiner geliebten Musik berieseln und berauschen lässt: Solange du es bewusst erlebst, bringt es dich dir selbst näher.

Ob du zeichnest, malst, schreibst, schnitzt oder dich als Bildhauerin entdeckst, behalte einfach immer die Bewusstheit dabei! Es geht ums Tun nicht als Zweck an sich, sondern als Symbol, im Sinne von *Der Weg ist das Ziel* – und nicht um »Fertig-Werden«, um »Ergebnisse«. Total egal, wie du dich/es anstellst! Du kannst eine große Geschichte daraus machen, oder es auf die leichte Schulter nehmen. Letzteres dürfte empfehlenswerter sein. Der große Michelangelo antwortete auf die Frage, wie er es schaffe, unvergleichliche Kunstwerke aus dem rohen Stein zu schlagen: »Ganz einfach! Wenn ich einen Löwen erschaffe, schlage ich nur alles weg, was nicht nach Löwe aussieht.«

Die erwachende Künstlerin in dir wird es auch genießen, *mit deinem Inneren Kind zu spielen*. Was immer du spielerisch angehst, »mit links«, wie der Volksmund es ganz unbefangen nennt und nicht zufällig die weibliche Seite anspricht, wird dir leichtfallen und auch leichter gefallen – dir und anderen. Und es ist Alzheimer-Vorbeugung, die staunenden Kinderaugen des »Kleinen Prinzen« zurückzugewinnen.

Um Bewusstheit ins eigene Leben zu bringen, ist zu *schreiben* eine sehr kraftvolle Methode, die immer mehr Menschen nutzen. Um zunehmende Bewusstheit in dein tägliches Leben zu bringen, kannst du Tagebuch schreiben. Oder du schreibst den Roman deines Lebens – des Lebens, wie du es gern hättest. Es schreibend so auszugestalten und auszuschmücken, wie es dir im Grunde deines Herzens vorschwebt, wäre ein wahrhaft kraftvoll-kreativer Akt, und womöglich folgenreich: »Fake it until you make it«, sagen Amerikaner: »Spiele es, bis es dir spielerisch gelingt.« Du kannst Fake-News produzieren, was auf dich zurückschlagen und dir und anderen schaden wird, aber du kannst auch deiner Phantasie freien Lauf lassen. Warum also nicht deine (noch) ungelebten Träume ganz bewusst ausphantasieren? So ist es Walt Disney angegangen, der sich sagte: »If you can dream it, you can do it« – »Wenn du es träumen kannst, kannst du es auch tun.« Das Ergebnis war Disneyland, weltweit. Dessen Vorbild war die Hauptstraße in Disneys spießiger kleiner Heimatstadt – kreativ gewandelt, so dass es Kindern und unserem Inneren Kind Freude bringt.

Alles Schöpferische verschafft dir Gelegenheit, dich selbst zu spüren, deine Talente und Fähigkeiten zu entwickeln und innerlich zu wachsen. Irgendwann aber wird es darum gehen, auch in *Kontakt mit Menschen* zu treten. Hier gilt das anfangs Gesagte: Problemebene und Lösungsebene sollten besser nicht verwechselt werden. Beginne auch in diesem Bereich ganz unkompliziert: Schließe dich Menschen an, die deine Interessen, dein Hobby, eine Neigung oder Leidenschaft teilen. Du findest sie in Vereinen, Lesekreisen, auch Kirchengemeinden und Sozialeinrichtungen. Wer gern trainiert, geht ins Fitness-Center; wer gern tanzt, in einen Tanzverein; wer gern kocht, nimmt an Kochkursen teil; wer gern reist, lernt vielleicht zuerst die Sprache seines Lieblingslandes in Kursen der Volkshochschule – und findet dort vielleicht sogar jemanden für eine Reise in dieses Land.

Als ehrenamtliche Tätigkeiten, bei denen du Verantwortung übernimmst, kämen infrage: Kinderbetreuung in Familien, wo beide Eltern arbeiten müssen, bei Tafeln und in Suppenküchen mitzuhelfen und in einem Tierheim kreatürliche Not zu lindern. Kinder mit Migrationshintergrund beim Erlernen der Landessprache zu unterstützen, Sterbende in Hospizen zu begleiten, ergibt viel Sinn und kann dir deinen geben.

Und ja, wenn dir dann danach ist und sobald du es dir zutraust, eine wirkliche Freundschaft oder gar (neue) Partnerschaft einzugehen, dann geh – wiederum sehr bewusst – auch dorthin, wo Menschen heute Menschen suchen. Warum nicht auch auf Partnerschaftsplattformen im Internet? Das Angebot dort ist recht differenziert geworden; es gibt bereits Plattformen für verschiedene Altersgruppen, Interessen und persönliche Neigungen.

Frauen brauchen nicht zu lernen, dass es den meisten Männern um Aussehen geht, sie wissen das. Aber Männer könnten lernen, dass es vielen Frauen um Ansehen geht, und sich so schon mal eine ganze Menge mühsamen Muskelaufbau ersparen, außer natürlich, sie sehen ihren Sinn in Muskeln. Im Übrigen: Zuhören ist beim Aufbau von Vertrauen viel, viel besser als Reden. Wer aufrichtig interessiert zuhören kann und nicht nur Persönliches von sich selbst einbringt, kommt viel besser an.

Vergessen wir die Gaben von Mutter Natur nicht, wenn wir davon sprechen, unserer eigenen Natur näher zu kommen. Beim *Wandern* wirst du erleben, wie es dich – auch im übertragenen Sinn! – weiter- und voranbringt. Wer aufmerksam und achtsam in der Natur un-

terwegs ist, lernt auch sich selbst kennen. *Wenn du bewusst gehst,*
geht etwas. Wenn du bewusst läufst, läuft etwas. Tust du es im Wald,
wirst du besonders beschenkt. Eine Fülle wissenschaftlicher Beweise
liegt inzwischen vor, dass »Waldbaden« sich äußerst vorteilhaft auf
die Abwehrkräfte auswirkt.

Egal wo in Mutter Naturs Reichen: Bewegen wir uns mit offenen
Sinnen, können all ihre auch unsere Seelen-Landschaften berühren
und unser Herz füllen – ja uns ganz konkret zum Anlegen eines Bil-
deralbums der Seele inspirieren. In-uns-Aufgenommenes bleibt wie
fotografiert, gemalt in unserem inneren Bilder-Buch. All das kann
die Leere des inneren Mangels auffüllen, ohne gleich wieder zur
Verstopfung mit allerlei Nebensächlichem zu führen.

Auch *Sport* ist eine schöne Möglichkeit, für bewegungshungrige
Menschen sogar eine sehr verlockende, um Kontakte zu schließen.
Doch spielt leicht auch der Schatten des Leistungsdenkens hinein.
Gemeinschaften müssten beim Laufen, Radfahren und Skifahren
schon die Bereitschaft beweisen, sich an dem/der Teilnehmenden
mit der geringsten Leistungsfähigkeit zu richten. Sonst bleibt
»Teamspirit« ein bloßes Wort, und im TeilnehmerInnen-Feld bleibt
doch jeder für sich: im Ergebnis die klassische Situation für Einsamkeit in Gesellschaft! *Im Alleingang* genießen wir uneinge-
schränkte Selbstbestimmung. Alles passt, ist angepasst an unsere
individuellen Fähigkeiten und Bedürfnisse. Wer sich beim Sport
richtig auspowert – »richtig« = nach Leistungsvermögen, nicht nach
äußeren Leistungszielen –, der vergisst ganz schnell alles andere und
kommt auch anschließend viel leichter auf andere Gedanken.

Schlusswort

Wie so vieles im Leben enthält dieses Buch statt eines klaren Entweder-oder immer wieder ein Sowohl-als-auch. Der gute, der »erlöste« Kompromiss lässt grüßen! Wie auch die Tatsache, dass bewusstes Allein-Sein und bewusste Partnerschaft sich keineswegs gegenseitig ausschließen. Ließe man allerdings nur das Wörtchen »bewusst« weg, wäre es keine Tatsache mehr, sondern reine Illusion.

Was hindert uns, auch als verpartnerte Menschen, bewusstes Allein-Sein genießen zu dürfen? Und als Allein-Stehende im Leben, Gemeinschaft mit anderen Menschen zu genießen? Würden wir nicht alles ständig bewerten und beurteilen, hätten wir es alle besser, allein und gemeinsam.

Ich selbst habe schließlich gelernt, wie sich die Vorteile beider Seiten gut verbinden lassen. Dabei war es nochmals sehr hilfreich, dieses Buch zu schreiben. Das hatte ich gehofft, denn ich war einsam. Es war wie ein Ringen mit meinem Engel, wahrhaftig ein Prozess, der mich zur Quelle meiner eigenen Kraft und Kreativität führte. Jetzt, da es fertig ist, kehren meine Gedanken zurück zum Anfang, als ich meinte, mich dazu bekennen zu müssen, so etwas wie ein »Partnerschaftstyp« zu sein. Wo ich doch an einem Buch über Einsamkeit und Alleinsein schreiben wollte.

Also, vor langer Zeit, da stand ich vor der Wahl, als Solist des spirituellen Wegs in einem Ashram zu bleiben und mich ganz der Meditation und Selbstverwirklichung zu widmen – oder ins Studium zurückzukehren. Ich entschied mich fürs Studium, weil ich Arzt werden wollte. Ehrlich gesagt aber auch, weil ich mir nicht zutraute, den Verlockungen der Sinnlichkeit auf Dauer widerstehen zu können.

Ein guter Freund wählte damals den Brahmacharya-Weg ins radikale, bewusste Allein-Sein. Ich aber verließ Indien – und ging auf meinen eigenen Weg. Und weil es wirklich mein eigener Weg war und immer noch ist, bereue ich nichts. Im Gegenteil.

Als wir uns nach langer Zeit wieder trafen, sah ich, wie diamantklar seine Augen geworden sind.

Anhang

Personen- und Sachregister

Ablenkung 10, 20, 27–28, 74, 90, 127, 186, 190
Achtsamkeit 45, 64–65, 91–92, 100, 118, 175, 185, 188, 195, 198
Akzeptanz 32–33, 106, 160
Allein-Sein 11, 20–22, 25–31, 36, 42–45, 49–54, 56–57, 61–62, 69, 72–73, 78, 81, 83, 102, 105, 109, 114, 125–126, 128, 132, 134, 145, 155, 162, 166, 181–182, 184, 191, 200–201
Alleinstehende → Singles
Alpert, Richard 106, 141
Anfang → Gesetz des Anfangs
Anima/Animus 111, 147–148
Aufmerksamkeit 54, 79, 91–92, 159, 183–184, 187

Beckett, Samuel 137
Bernhard (Heiliger) 71
Bohn, Caroline 54
Bregman, Rutger 26, 52
Buddha / Buddhismus 14, 27, 146, 165, 189–190

Cacioppo, John 51–52
Cajal, Santiago Ramon y 27
Christus / Christentum 33–34, 36, 38, 45, 67, 71, 91, 118, 146, 171,
Coelho, Paolo 64, 71–72, 100

Demenz 53, 68
DePaulo, Bella 144
Dethlefsen, Thorwald 74–80
Eckhart (Meister) 29, 45, 60, 125
Ego 20, 32–34, 50, 88, 135, 192
Ehe 9, 14–16, 18, 39–44, 57–58, 65, 96–97, 114, 144, 136, 160, 194
Einheit 18, 36–38, 47–48, 89–90, 92, 98, 101, 139, 146, 150, 176
Einsamkeit 9–10, 14, 16, 20–23, 29–31, 37, 43–45, 51–56, 60, 71–72, 82, 85, 94, 96, 98, 100, 136, 142, 144, 148, 154, 181, 184–188, 190–192, 199–201
Elemente 109, 147–148
Emotion 24, 132, 173
Energie → Kraft
Epiktet 163

Fasten 28, 77, 160–161, 172
Fehler 48–49, 121, 126, 133, 137
Film 40, 42–43, 79, 142, 192–195
Freundschaft 9, 90, 123, 149, 198
Frieden 9, 112, 126, 133, 182

Gebet 67, 103
Gefühl 9, 20–24, 29–30, 34, 43–44, 51–52, 60, 62–63, 66, 71, 74, 78–79, 82–83, 90, 94, 101–102, 115, 118, 122–123, 128, 132, 138, 151, 154–155, 169, 171, 173, 175, 178–181, 183–188, 190–192

Gegenpol → Gesetz der Polarität
Gesetz des Anfangs 17, 19, 56,
    60–63, 66, 88, 92, 94, 124, 137, 140, 148,
    159, 169, 182, 187, 201
Gesetz der Polarität 18-19, 28, 31, 52, 62–64,
    71, 74, 100, 102, 106, 137–138, 145–147,
    157, 178, 190
Gesetz der Resonanz 17–19, 44, 47, 62–63,
    77, 89, 129, 137, 157, 174

Haller, Reinhard 45, 91
Hellinger, Bert 120
Heirat → Ehe
Heraklit 70, 106, 195
Hermetismus 147
Herrmann, Christoph 118, 163
Humboldt, Alexander von 70, 73, 195
Humor 137

Innere Mitte 28, 127, 139, 148, 150, 154, 181,
    182, 184, 186, 191–192
Innere Stimme 28, 37, 59, 125, 127
Innerer Kompass 125, 127, 131, 134, 172, 181
Inneres Kind 68, 125, 165, 196–197

Jakobsweg → Pilger
Jung, Carl Gustav 27, 147

Kerkeling, Hape 71–72
Kloster → Orden
Kompromiss 37, 105–114, 133, 167, 172, 200
Konzentration 139, 109, 185
Kraft 11, 53, 58, 65–66, 99–100, 126, 128,
    148, 160, 169, 171, 178, 192
Kreativität 11, 28, 43–43, 53, 57, 80, 126–127,
    132, 136, 140, 186, 190–199, 201

Lebensbühnen, -prinzipien 147–150
Lebensrhythmus 66, 106-108
Leere 22, 31, 60, 139, 154, 178, 181, 186, 199

MacLaine, Shirley 71
Meditation 9, 10, 48, 61–62, 77, 107, 138,
    140, 159–1601 182–189
Medizin 79, 85, 108, 135, 140, 142
Me-Time 54, 116, 140, 179, 192
Minimalismus 118, 162–163, 173-177
Multitasking 67, 165
Muße 39, 95, 131–133, 192
Mutterliebe 25

Narzissmus 49-50

Orden 27, 30, 36, 57, 64, 68–69, 117,
    156–158, 164
Oxytocin 107

Peacefood 10–11, 108–111, 120, 169, 172
Philia àFreundschaft
Pilger 70–74
Polarität → Gesetz der Polarität
Projektion 19, 35, 43, 60, 70, 88–89, 102, 110,
    122, 129, 187
Psychiatrie, 14–16, 45, 53, 55, 91
Psychologie 50, 54, 110, 144
Psychotherapie 16, 45, 91, 149,

Ram Dass → Alpert, Richard
Religion 33, 36, 56, 68, 135, 146, 183
Resonanz → Gesetz der Resonanz
Ritual 10, 39–40, 64–68, 157, 160, 183–186,
    191
Routine 18, 61–62, 64, 66, 157, 160, 191

Schamanismus 180-181
Schatten, -prinzip, -therapie 18, 38, 42, 44, 46, 49, 71,74 81, 88–89, 103–104, 106, 117, 194, 199
Scheidung → Trennung
Schicksalsgesetz(e) 17–19, 94, 129, 150, 191
Schlaf 11, 53, 68, 107
Schweigen 28, 77, 125, 160–161
Selbst 28, 33–34, 35–38, 43, 46–47, 50, 67, 72, 88–89, 91, 126, 136, 143, 161
Sex 91–93
Simonton, Carl 141
Singles 19, 23, 29, 45, 50, 52, 57, 66, 72, 90, 109, 111, 114, 121–124, 128, 131–132, 133, 144, 149, 165, 200
Spiegel 18, 25, 35, 47, 49, 123, 129, 159, 184
Spiegelgesetz → Gesetz der Resonanz
Spitzer, Manfred 55
Steindl-Rast, (Bruder) David 45, 157

Stolz 94, 135, 167–168
Stress 30, 53, 135–140,

Tierverbündete 179-181
Trennung 9, 18, 43, 65, 83, 95–99, 110, 115, 130, 134, 199

Upekkha
Urvertrauen 47-48, 101,

Veganismus → Peacefood
Volksmund 28, 47, 62, 114, 126, 129

Ware, Bronnie 121–124, 170
Watzlawick, Paul 104

Zen 64, 116–117, 138, 159, 183, 187
Zeugen-Bewusstsein 139, 155, 187
Zypern 137

Der Autor

Dr. med. Ruediger Dahlke, seit 40 Jahren als Arzt, Seminarleiter und Autor tätig, gibt Fasten-Seminare und Ausbildungen in »Integraler Medizin«, »Verbundenem Atem«, »Bilder- und Wassertherapie« sowie zur »Ernährungsberaterin Peacefood«. Über die Lebenswandelschule begann er als erster mit Online-Fasten-Kursen, Idealgewicht- und Gesundheits-Challenges.

Bücher zur Krankheitsbilder-Deutung von *Krankheit als Weg* bis *Krankheit als Symbol* begründeten (s)eine bis in spirituelle Dimensionen reichende Psychosomatik. Sie liegen in 28 Sprachen vor.

Die philosophische Grundlage seines Wirkens findet sich in den Standardwerken *Die Schicksalsgesetze* und *Das Schattenprinzip*.

Sein Engagement für das »Feld ansteckender Gesundheit« spiegelt sich in zahlreichen Veröffentlichungen zu Fasten, Detox und Ernährung. Die *Peace Food*-Reihe machte die pflanzlich-vollwertige vegane Kost populär.

Veröffentlichungen des Autors

Mein Weg-Weiser: Herzlich lade ich zum Gratis-E-Book Mein Weg-Weiser (www.dahlke.at) ein mit der Erklärung, wie es zu viel-und-siebzig Büchern kam, den Schattenseiten der Fülle – und warum ich noch gern weiterschreibe. Es enthält Tipps und Bilder von meinem Weg.

Neuerscheinungen

2021: Corona als Weckruf – wie wir doch noch zu retten sind • Heilsame Tugenden – In zwölf Schritten zur Heilung des Körpers und zur Entwicklung der Seele • Peace Food activated – das Healing-Kochbuch für die ganze Familie (alle GU) • Immunbooster vegan (Knaur)
2020: Mein Individualgewicht – Wege zur Wohlfühl-Figur ohne Hungern, Frustessen und falschen Verzicht (Goldmann-Arkana) • Schutz vor Infektionen – Immunkraft steigern – natürlich und nachhaltig • Gesundheits-Tipps 2.0 (beide Terzium) • Menschliche Medizin (Crotona)
2019: Das große Peace-Food-Buch (GU) • Krebs – Wachstum auf Abwegen • Körper – Geist – Seele – Detox (beide Goldmann) • Jetzt einfach atmen (ZS)
2018: Die Hollywood-Therapie – was Filme über uns verraten (mit Margit Dahlke, Edition Einblick (www.heilkundeinstitut.at) • Die Peace-Food– Keto- Kur (GU) • Das Alter als Geschenk (Goldmann Arkana) • Jetzt einfach meditieren (ZS) • Kurzzeit-Fasten (Südwest)

Grundlagenwerke: Die Schicksalsgesetze – Spielregeln fürs Leben, 2009 • Das Schattenprinzip: Die Aussöhnung mit unserer verborgenen Seite, 2010 • Die Lebensprinzipien: Wege zu Selbsterkenntnis, Vorbeugung und Heilung (mit Margit Dahlke), 2011 (alle Goldmann Arkana)

Krankheitsdeutung und Heilung: Krankheit als Symbol, Bertelsmann, 2014 • Krankheit als Sprache der Seele, 2008 • Krankheit als Weg (mit T. Dethlefsen), 2000 • Frauen-Heil-Kunde (mit M. Dahlke und V. Zahn), 2003 • Wenn wir gegen uns selbst kämpfen, 2015 • Schattenreise ins Licht: Depressionen überwinden, 2014 • Seeleninfarkt. Zwischen Burn-out und Bore-out, 2013 • Krankheit als Sprache der Kinderseele, 2010 • Herz(ens)probleme, 2011 • Das Raucherbuch, 2011 (alle Goldmann Arkana) • Verdauungsprobleme (mit R. Hößl), Knaur 2001

Gesundheit und Ernährung: Peace Food, 2011 • Peace-Food-Keto-Kur, 2018 • Peace Food – das vegane Kochbuch, 2011 • Vegan für Einsteiger, 2014 • Peace Food – vegan einfach schnell, 2015 (alle GU) • Vegan schlank (www.heilkundeinstitut.at), 2015 • Geheimnis der Lebensenergie, 2015 • Das Lebensenergie-Kochbuch: Vegan und glutenfrei, 2016 (beide Goldmann Arkana) • Wieder richtig schlafen, 2014 • Notfallapotheke für die Seele, 2020 (beide Goldmann) • Die wunderbare Heilkraft des Atmens (mit A. Neumann), Heyne 2009 • Störfelder und Kraftplätze, Crotona 2013

Fasten: Das große Buch vom Fasten, Goldmann-Arkana 2019 • Jetzt einfach Fasten, ZS Verlag 2017 • Fasten-Wandern, Droemer Knaur 2017 • Bewusst Fasten, Urania 2016) • Ganzheitliche Wege zu ansteckender Gesundheit, 2011 • Das kleine Buch vom Fasten, 2011 (beide www.heilkundeinstitut.at)

Weitere Deutungsbücher: Der Körper als Spiegel der Seele, www.heilkundeinstitut.at 2009 • Hör auf gegen die Wand zu laufen!, Goldmann 2017 • Spuren der Seele (mit R. Fasel), GU 2010 • Die Psychologie des Geldes, 2011 • Die 4 Seiten der Medaille (mit C. Hornik), 2015 • Tiere als Spiegel der menschlichen Seele (mit I. Baumgartner), 2016 • Omega – im inneren Reichtum ankommen (mit V. Lindau), 2017 (alle Goldmann)

Krisenbewältigung: Die Liste vor der Kiste, Terzium 2014 • Von der großen Verwandlung, Crotona 2011 • Lebenskrisen als Entwicklungschancen, 2002 • Wenn Sex und Liebe sich wieder finden, 2017 (beide Goldmann-Arkana)

Meditation und Mandala: Mandalas der Welt, Goldmann 2012 • Schwebend die Leichtigkeit des Seins erleben, 2012 • Arbeitsbuch Mandala-Therapie, 2010 • Mandala-Block, 1984 • Worte der Weisheit (alle www.heilkundeinstitut.at) • Weisheitsworte der Seele, 2012 • Die Kraft der vier Elemente (mit Bruno Blums Bildern), 2011 (beide Crotona)
Roman: Habakuck und Hibbelig – das Märchen von der Welt, Allegria 2004

Audios von Ruediger Dahlke
Geführte Meditationen (CDs: www.heilkundeinstitut.at – Downloads: Arkana Audio)
Grundlagen: Das Gesetz der Polarität • Das Gesetz der Anziehung • Das Bewusstseinsfeld • Die Lebensprinzipien – 12-CD-Set • Die 4 Elemente • Elemente-Rituale • Schattenarbeit Krankheitsbilder: Allergien • Angstfrei leben • Ärger und Wut • Depression • Die Wege des Weiblichen • Hautprobleme • Herzensprobleme • Kopfschmerzen • Krebs • Leberprobleme • Mein Idealgewicht • Niedriger Blutdruck • Rauchen • Rückenprobleme • Schlafprobleme • Sucht und Suche • Tinnitus und Gehörschäden • Verdauungsprobleme • Vom Stress zur Lebensfreude

Allgemeine Themen: Der innere Arzt • Heilungsrituale • Ganz entspannt • Tiefenentspannung • Energie-Arbeit • Entgiften – Entschlacken – Loslassen • Bewusst fasten • Den Tag beginnen • Lebenskrisen als Entwicklungschancen • Partnerbeziehungen • Schwangerschaft und Geburt • Selbstliebe • Selbstheilung • Traumreisen • Mandalas • Naturmeditation • Die Lebensaufgabe finden

Weitere geführte Meditationen und Übungen auf CD
7 Morgenmeditationen • Die Leichtigkeit des Schwebens • Die Psychologie des Geldes (Übungen) • Die Notfallapotheke für die Seele (Übungen) • Die Heilkraft des Verzeihens • Eine Reise nach innen • Erquickendes Abschalten mittags und abends • Schutzengel-Meditationen **Hörbücher:** Krankheit als Weg • Omega • Fasten-Wandern • Körper als Spiegel der Seele • Von der großen Verwandlung • Die Spuren der Seele – was Hand und Fuß über uns verraten • Krankheit als Chance (alle: www.heilkundeinstitut.at)

Vorträge von R. Dahlke auf CD: erhältlich unter www.heilkundeinstitut.at (die Buchthemen)

Filme über Ruediger Dahlke: Die Schicksalsgesetze – auf der Suche nach dem Masterplan, 2014 • Ruediger Dahlke – ein Leben für die Gesundheit (2 DVDs) • Fasten (alle bei www.heilkundeinstitut.at)

Adressen:
Informationen zu Seminaren, Ausbildungen, Trainings, Vorträgen: www.dahlke.at
Seminar- und Gesundheits-Zentrum TamanGa: www.tamanga.at
Labitschberg 4, A-8462 Gamlitz, www.taman-ga.at, (25 Minuten vom Airport Graz):
Seminar-Wochen mit Ruediger Dahlke, TamanGa-Natur-Kur: Regenerations-Ferien für Gruppen und Einzelgäste; Seminare anderer GruppenleiterInnen
Internet: www.dahlke.at; E-Mail: info@dahlke.at
Für Psychotherapien: Heil-Kunde-Zentrum Johanniskirchen, Schornbach 22, D-84381 Johanniskirchen, Tel.: 0049 85 64-819, Fax: 0049 85 64-1429
Webshop: www.heilkundeinstitut.at (von Ruediger Dahlke empfohlene Bücher, Filme, CDs und Gesundheits-Produkte)
Internet-Community: www.lebenswandelschule.com

Dank

Eckhard Graf verdanke ich den Anstoß zu diesem Thema, wie auch Anregungen und Korrekturen, meiner Partnerin letztlich die Zusage und die liebevolle Betreuung. Ihr durfte ich das Manuskript abendelang vorlesen, und ihre Begeisterung hat mich inspiriert.
Meiner privaten Lektorin Christina Eck verdanke ich viele wertvolle Anregungen und noch mehr Korrekturen.

ISBN 978-3-906294-11-7
€ 15,00 [D] € 15,50 [A]

E-Book
ISBN 978-3-906294-12-4
€ 10,00 [D] € 10,30 [A]

ISBN 978-3-906294-13-1
€ 16,00 [D] € 16,45 [A]

E-Book
E-Pub-ISBN
978-3-906294-14-8
€ 12,00 [D] € 12,30 [A]

ISBN 978-3-906294-01-8
€ 17,00 [D] € 17,50 [A]

E-Book
ISBN 978-3-906294-09-4
€ 12,00 [D] € 12,50 [A]